一位單親辣媽的真心告白

錢難賺，房地產別亂買

洪倩宜———著

破解買房陰影，你需要這本書當明燈

在網路寫房地產專欄這麼久，漸漸觀察到一個現象：如果是寫房價下跌別買房的文章，就受到大量讀者按讚認同；如果是寫務實買房的分析文章，就會受到少量但精確的讀者歡迎。這表示，有大量的讀者對買房想法都是負面的，背後的情緒有無力感、不公平感，甚至有幸災樂禍的成分。

因此，很高興本書作者用自己的經驗、他人的故事、理性的分析，淺顯易懂地教大家如何破除買房的陰影。先逐步戰勝自己的心防，理性分析買房租屋的優缺點、面對低薪現況的心理建設，把現代人購屋的 10 大 NG 心態給破除了，才能堅毅地走向買房的道路。

我很喜歡這本書用很多故事案例，來告訴讀者從找屋期該怎麼看屋，買屋時的眉眉角角，換屋時應該具備的觀念等等，均圍繞著「擁有房子」可以有許多好處，甚至以房養老攢出另一桶退休金。還記得前陣子有部講麥當勞崛起的電影「The Founder」（台譯：速食遊戲），裡面有位財務顧問對主角的話讓人印象深刻：「你不是在餐飲業，你是在房地產業。」也就是因為這樣的轉念，才讓麥當勞快速崛起，成為世界級的大企業。

買房是許多人一生最大的投資或消費，因此做足功課是必須的。用這一本書的價格，換得許多正確的觀念，少走許多冤枉路。怎麼看都是一筆划算的投資呀！

地產軍師　紅色子房

破除買房的恐懼，就是變成有殼一族的開始

　　的確，大家對於不動產有太多的誤解了！最常掛在嘴邊的一句話便是多久不吃不喝才能買一間房子，這正是所謂「房價所得比」，像以台北市來說，房價所得比高達 15 以上，也就是想要在台北市買一間房子，至少要 15 年不吃不喝。我的天啊！15 年不吃不喝，別說一天不吃飯，一餐不吃也餓扁了，哪能撐那麼久，買房本來就是一件非常辛苦而且必須非常努力才能達成的目標，如果偏偏又有這樣的一個概念根深蒂固在心裡，誰還會為了買房而努力！

　　有句話說，萬里之行始於足下，有時候並不是你走不到目標，而是被錯誤的觀念耽擱了，以致遲遲沒有邁開最重要的第一步。買房子也是一樣，一定是先有買房子的打算，才會開始規劃買房預算，然後開始存頭期款，而這樣的打算，一定要先從有正確的觀念開始。打開這本書，我看到作者先替讀者「破解買房的 10 道陰影」，證明作者真的非常有經驗，一下就突破購屋的盲腸了！

　　猶記得我自己在金山讀到國中畢業之後，來到台北考高中，然後一路念大學、考上律師，買了人生的第一間房子，圓了想要在城市點亮一盞燈的理想，過程雖然有點辛苦，但擁有屬於自己的窩，總覺得一切的努力都是值得的。因此，我常常跟作者一樣，鼓勵每個人一輩子還是要打拼一間屬於自己的房子，畢竟，房子保值，比起其他資產相對來得更穩定，適合長期持有。

尤其近來年金改革，連軍公教向來穩定之退休生活都受到不小的影響，另一方面則是以房養老案件申辦越來越多，房子不只是居住，還能變現，越加彰顯不動產之價值。

　　當然，房子怎麼買是一個大學問，作者非常用心，列舉故事的主角包羅萬象，我相信讀者都能從中找到類似自己的狀況，自然就可以運用這本書給予的建議。同時，作者也非常細心，從找屋、買屋到換屋所牽涉的最新資訊一次到位，通通幫讀者整理好了。語重心長從建立正確觀念開始，鉅細靡遺回答買房的每個關鍵問題，我要稱讚作者，真的是佛心來著！

　　祝福這本書的讀者，都能圓一個買房的夢！

包租公律師
蔡志雄

🏠 勇於追夢、圓夢，相信你也做得到……

　　好不容易啊，身為一位業餘作家，這段寫書歷程就好似媽媽懷胎 10 月一般，同樣歷經 10 個月，每每在孩子沉沉入睡之後，輕吻她蘋果般熟睡的臉龐，然後努力打起精神，俯首案前振筆疾書，寫下我記憶中每個買房故事及叮嚀，字字再三斟酌，方有此書的誕生。

　　很慶幸，因為 15 年前一個勇敢的買房決定，儘管身為一個單親媽媽，讓我跟寶貝女兒不僅有個舒適的棲身之所，不至於得回去投靠娘家，還當起包租婆，有多間包租房，每個月在正職之外，還有豐沛的被動收入，足以支撐我跟女兒的生活所需，爭取子女監護權也如囊中物。儘管算是淨身出戶，婚姻失敗時沒有拿到一毛錢贍養費及子女扶養費，但因為有房子當靠山，單親媽媽的悲情，不曾在我的生活裡上演過。

　　同時我也是個負二代，沒有傲人的家世背景，赤手空拳到台北都會打拚，一個普普通通的上班族，靠著跟會、儲蓄跟媽媽的私房錢，因緣際會在房市低點買下台北市中心的房子，從此開啟對房地產的熱愛，先後購入兩棟台北市中心的房子，目前市值逾 4 千萬以上，比我購入當時足足增值了兩倍之多。回首前塵，只有一句話可以表達我的心情，那就是千靠萬靠，良人真的沒有房子來得可靠！

　　因此以一個單親辣媽帶路的角度，真的非常想要鼓勵，所有初入社會打拚或已經打拚多年的年輕人，請一定要有作夢的勇氣，有些教人千萬別買房

的專家學者，其實自己都擁有房地產，買房真的不是遠在天邊的夢想，但心動還要付諸行動。

其次，想要告訴許多預備走入婚姻，正在婚姻中甚或已經離開婚姻的人，買房子並沒有你（妳）想像中的難，也不要以為結婚之後就有了長期飯票，不用煩惱購屋置產甚至因此辭去工作，在家當個全職媽媽，那真的太冒險了。你會發現，與其相信一張結婚證書，倒不如持有一張房屋權狀，來得更為安心及可靠。

衷心感謝時報出版社，願意提供如此寶貴的機會，讓一個平凡的小女子得以跟大家分享這十多年在房地產業界的所見所聞。

其次要感謝，我周邊一群有過「開心」或「慘痛」買賣房子經驗的朋友，因為你（妳）們或甜蜜、或辛苦、或悲壯或喜悅的買賣屋經歷，方能產出這些動人的買房故事。

基本上，這一本書找不到任何「如何買房賺大錢」，或「如何挑選增值黃金屋」的內容，但它就像個媽媽不厭其煩地提醒孩子，找屋、買屋及換屋的種種眉眉角角，避免孩子迷失了路，期待透過淺顯易懂、真心剖析的敘述，鼓勵過去想買、現在想買、以後想買房的朋友，不妨勇敢追夢，如果一個單親媽媽都能勇於追夢、圓夢，相信你一定也做得到，加油！

洪倩宜
記於 2018.7.30 的夏夜

CH3 買屋篇

CH4 換屋篇

序論

單親辣媽帶路，
破解買房的 10 道陰影

新聞炒作加上各種經濟指數搗亂，讓購屋變成現代人心中又愛又怕的一道難題。雖說「台北居大不易」，但若不在台北居住，那麼理想工作又在哪裡？

這一道又一道的傷痕，導致民眾對於「購屋」產生了許多的創傷與陰影，接下來就讓筆者帶領大家，徹底解讀這每一道購屋陰影，讓您不再逃避，既輕鬆且聰明地選擇所愛，並愛您所選擇！

〔陰影1〕房子 VS. 麵包

不吃不喝 15 年才能買房，置產難如登天？

大學畢業多年的小梅跟男友打算訂婚，小倆口拍拖時因有規劃要一起買新房，因為早在交往期間就有共識：平時省吃儉用，約會時盡量少上餐館、電影院，此外也規定彼此要提撥薪水的一半存進開立的共同帳戶裡做為購屋基金。多年下來，兩個人倒也積攢了一筆為數不少的購屋資金。

直到有一天，小梅突然拿著報紙，沮喪地指著報上斗大的標題「不吃不喝9.35年，買房史上最難！」來問我：「姐，買房真的有這麼困難嗎？若這樣下去，我們豈不是根本買不起房子了？」

當然，事實並非如此，近幾年台灣民眾所得沒有增加，即使房價趨於盤整，2017第1季台灣房價所得比仍來到9.35倍，也就是說，民眾要不吃不喝9.35年才能買房。但大家可別被這個數字嚇到不敢買房子，因為，為何要不吃不喝買房呢？難道不能辦房屋貸款嗎？

「不吃不喝9.35年，買房史上最難」的說法，是內政部營建署統計2016年第3季的房價所得比，算法公式是「中位數住宅總價」除以「家戶年可支配所得中位數」，得出的數值即為9.35倍；全台最高的房價所得比

落在台北市，是 **15.52**，相當於不吃不喝 15 年才能買房，負擔最重（參看表 1-1）。

表 1-1　2016 年 Q4 住宅價格指數變化 VS. 房貸負擔能力

2016 年 Q4 住宅價格指數變化

項目	全國	新北市	台北市	桃園市	台中市	台南市	高雄市
住宅價格指數	113.38	106.54	99.27	114.82	121.6	120.64	121.17
較去年同期變動	-0.41	-1.16	-2.24	-0.74	0.38	1.13	0.36

2016 年 Q4 房價負擔能力

縣市	貸款負擔率（%）	貸款負擔率年變數值	房價所得比（倍）	房價所得比年變數值
台北市	62.48	-3.78	15.18	-0.56
新北市	51.91	-1.37	12.61	-0.05
台中市	40.14	2.71	9.75	0.86
台南市	34.75	1.63	8.44	0.57
全國	38.34	2.54	9.32	0.81

資料來源：內政部營建署

但若進一步比較亞洲鄰近首都城市的房價所得比，台灣其實不算是最苦，僅排名第 10 名；反觀香港居大不易，目前的排名居亞洲首都之冠，得不吃不喝 38 年才買得起房。中國則緊追在後，名列第 2 名，得花 37 年不吃不喝才買得起房；連日本、韓國、泰國、新加坡等首都城市皆排行於台灣之前（參看表 1-2）。

表 1-2 亞洲各國首都，不吃不喝要幾年才能買房子？

第一名	38 年	香港	第六名	20 年	亞塞拜然
第二名	37 年	中國	第七名	19 年	韓國
第三名	31 年	印度	第八名	18 年	以色列
第四名	22 年	新加坡	第九名	17 年	日本
第五名	21 年	寮國	第十名	16 年	台灣

資料來源：全球數據庫（Numbeo）

善用貸款減輕經濟壓力，購屋更輕鬆

據估算，首購族北市購屋平均總價約 1,779 萬元，屋齡 30 ～ 40 年中古屋平均總價約 1,450 萬元。新北市方面，600 ～ 1200 萬元的總價則可買到 3 房公寓或大樓，對於首購族而言負擔較輕。但買房一定要量力而為，以小梅為例，若想買電梯 2 房的入門款小宅，新北約 950 萬元即可入住，以貸款 8 成計算，自備款約需 190 萬元。

若小梅及男友兩人月薪加起來共 90,000 元，每月省下 1 ／ 2 也就是 45,000 元當作購屋資金，僅需 4 年時間就能存到足夠的自備款。加上首次購屋可申請「青年安心成家貸款」（註 1），年率為 1.44%；第 3 年起因加碼 0.645% 機動計息，年率為 1.74%，每戶最高可貸 800 萬元，貸款期限最長可達 30 年，但須購買房屋半年後開始才能申貸，且借款人在 20 歲以上，本人與其配偶及未成年子女均無自有住宅者才能申請。但實務上目前許多銀行提供首購族 1.56 ～ 1.6% 的房貸利率，所以實際去申請「青年安心成家貸款」的人並不多，而且要先買屋才能貸款，也較難符合首購族的需求。

而內政部推出的「自購住宅貸款利息補貼」專案則於每年 7、8 月開放

申請，對申請人家庭所得及家庭狀況、各成員住宅持有狀況均有條件限制，並採「評點制」，若該年度申貸戶數較多時，依評定點數高低順序核發「自購住宅貸款利息補貼證明」；貸款補貼額度依擔保品所在地決定，北市最高250萬元、新北最高230萬元、其餘最高為210萬元，補貼最長20年（含寬限期5年），依郵儲利率機動計息，目前第1類社會經濟弱勢戶優惠利率為0.562%，第2類一般戶優惠利率為1.137%，與「青年安心成家購屋優惠貸款」可合併使用，減輕每月負擔。如果民眾購買中古屋，僅能由「自購住宅貸款利息補貼」或「修繕住宅貸款利息補貼」兩者中擇一申請（參看表1-3）。

表 1-3 政策性房貸比一比

青年安心成家購屋優惠貸款	名稱	自購住宅貸款利息補貼
財政部	主辦	內政部
前2年1.44%，第3年起1.74%	利率	第1類社會經濟弱勢戶0.562%，第2類一般戶1.137%
最長30年	年限	補貼20年
3年	寬限期	5年
最高800萬元	金額	貼補金額依擔保品所在地決定，北市最高250萬元，新北最高230萬元，其餘最高210萬元

資料來源：蘋果日報

小梅與男友兩人經過一番精打細算後，最後買下位於永和的一間2房小宅，並以擔任科技公司工程師的男友出面申辦房貸，果然爭取到更好的成數

及較低的利率，若以房價 950 萬元扣除自備款 190 萬元，則小倆口貸 8 成 30 年期，每月僅需還貸 22,000 元，負擔跟租屋相差不多，還多了一筆添購家具及輕裝潢的預算。平日就有美學素養的小梅也於此時發揮居家布置的長才，利用家飾品為新家增添溫馨感，現在兩人即使假日也喜歡待在家裡不出門，多年省吃儉用的辛勞，終於有了甜美的成果！

　　筆者提醒有心買房的年輕人，千萬不要受困於「不吃不喝 9.35 年，買房史上最難」這段話的影響就想逃避房貸人生，一味只想享受眼前的小確幸，每天來杯百元咖啡，手機年年升級換新，三不五時出國、吃大餐，只想及時行樂，沒有積蓄，更遑論買房，年老之後失去固定收入，社會福利若後繼無力，只能不斷被房東拒於門外，因為大多數房東都不願意把房子租給已經沒有收入來源，又不知何時會身故的老人家。與其哀嚎不合理的房價比，倒不如勇敢面對它，像小梅一樣，約會用路邊攤取代大餐，與另一半擁有共同努力的奮鬥目標，齊心打拼，不用 9 年不吃不喝，一樣能晉身有房一族！

> **備註**
>
> 　　「青年安心成家購屋優惠貸款」是內政部委託 8 大公股行庫辦理的貸款專案，最高貸款額度 800 萬元，利率最低 1.44% 起；第 3 年起因加碼 0.645% 機動計息，年率為 1.74%，每戶最高可貸 800 萬元，貸款期限最長可達 30 年（含寬限期 3 年），且借款人要 20 歲以上，本人與其配偶及未成年子女均無自有住宅者才能申請。
>
> 　　計息方式以混合式固定利率、機動利率兩者擇一，一經選定不得變更，前 2 年 1.44%，第 3 年起 1.74%。以借款金額 800 萬元、借款期間 30 年為例，前 2 年每期應繳金額 27,380 元、第 3 年起每期應繳金額 28,468 元。

〔陰影 2〕無殼 VS. 揹殼
買房變屋奴……，但你能租屋過一輩子嗎？

　　不管是有殼還是無殼，蝸牛都有各自的煩惱。有殼族煩惱房貸支出，不敢任意換工作，就怕繳不出房貸；無殼蝸牛雖說沒房貸壓力，但畢竟住的不是自己的房子，不免會煩惱房東哪天突然要收回房子不租了，壓力一樣不小……。

　　總而言之，究竟是買房好還是租屋居住較方便？這始終是相當難解的一道習題。

　　老沈住在面積僅 3 坪，月租金 4,000 元的雅房，住了 5 年後，房東突然告知，因為老沈今年已經 60 歲了，房東感覺老沈年紀愈來愈大，擔心以後要承擔的租賃風險會變高，所以請他在今年的租約到期後另覓住處。

　　於是，接下來就是一段既辛苦且尷尬的「覓殼」之旅，很多房東一聽到他的年紀後紛紛找理由回絕，老沈找了好久，還是無法順利找到願意把房子租給他的房東，於是只好求助社福團體，雖然租屋條件比之前更差且每月租金要 6,000 元，但為了有個棲身之所，老沈只得拼命省吃儉用，到處打零工貼補房租及生活費。

　　就在老沈打工的地方，有兩位年輕同事小山與小志，老沈不禁跟這兩位

年輕人對於自己的租屋處境大吐苦水，30多歲仍未婚的兩人很是同情老沈的際遇，雖然也幫老沈抱不平，但兩人實際做法卻大不相同。

小山認為，買房容易淪為屋奴，尤其近幾年房價漲到相當「不合理」，若想買房就得犧牲生活品質，因此他寧可一直租屋而居，也不想揹著大筆房貸過日子。況且他認為，租屋20年的總體花費比買下一間房子還低，他可以想住哪裡就住哪裡，月薪扣除房租後剩餘的錢就拿來買股票、出國旅遊及玩樂等，換句話說，小山名下幾乎沒有任何存款。

小志的想法則完全不一樣，他認為買房繳房貸就像被動儲蓄，除了不用幫房東付房貸，也不必煩惱房東趕人，更不擔心遇到豬室友，更不怕像老沈一樣，白髮蒼蒼還要擔心無家可歸。

平時就擅於理財規畫的他，在看到老沈的境遇後，更堅定了他一定要買房子的決心，平常就很省吃儉用的他，從此更強迫自己每個月都要定額儲蓄，日積月累之下，倒也攢下了一筆自備款。

台灣邁入高齡化社會，銀髮族卻成租屋弱勢

根據內政部統計，截至2018年3月底，台灣65歲以上老人占總人口比例達11.74％，正式邁入超高齡社會，預計再過9年，台灣老年人口比例將超過20％。然而在租屋市場中，大家對於「老人」卻存在著高度的年齡歧視。據統計，近9成的房東不願租房給老人、低收入戶、身心障礙者或單親家庭等弱勢族群。更甚者，這群最難租屋族年齡還逐年下降，不少房東現在連40、50歲的中壯年人都排斥……，總之，中老年人租屋困難的現象，只會愈來愈嚴重。雖說，租屋及買屋各有支持者，沒有誰對誰錯的問題，但筆

者建議消費者可從自己的需求出發，先了解租屋及買屋的差別，再評估自己的財務狀況和身處環境，到底適合買房還是租屋（參看表 1-4）。

表 1-4　買房 vs. 租房，優缺點比一比

	買房優點	買房缺點	租房優點	租房缺點
經濟壓力	每月強迫儲蓄	需承受房貸壓力	房租負擔較輕	用錢較容易沒有節制
心理狀態	不用一直搬家，安心踏實，有屬於自己的房子，可照自己心意裝潢	需接受購屋的無形機會成本（損失掉部分娛樂費、進修費等）	有餘錢可用在其他花費上	年紀大不好租房，內心沒有歸屬感
工作地點及彈性	可以選擇公司附近地區買房	一旦換工作，就要考量通勤問題	可依照工作地點選擇交通方便的租屋處	房東有可能調整租金、遇到惡房東、房東收回房子等
增值空間	房子增值，個人資產增加	房價可能下跌，造成資產減損	不能累積資產，房租可能調高	住再久，房子也不屬於自己的

🏠 租房一族：不做房奴，租房有餘力做投資

租屋適合剛出社會的年輕人或是手頭無資金者，或是負債過高者，有信貸、車貸及學貸的人也較適合租屋。優點是隨時可換房子租住，享有自由的移居生活，不用擔心被工作綁住，薪水付完房租還有餘錢可用於改善生活品質，也較有資金儲蓄做為理財及創業之用，尤其工作、生活不穩定時，租屋

不失為較適當的選擇。

缺點就是幫別人付房貸，且租屋裝潢不能隨心所欲，還有可能被房東趕人或漲租金，萬一以後年紀愈來愈大，不一定租得到房子住。

買房一族：買房強迫儲蓄，更不用看房東臉色

華人的傳統觀念是「有土斯有財」，尤其低利率時代，與其把錢存在銀行領微薄的利息或幫房東付房貸，不如拿租金來付房貸，況且長期來看，房地產是極具保值性且抗通膨的商品，不妨趁年輕為自己打拚存間房。既不用擔心房東隨時漲租，不用經常搬家，且房子也可以照自己的心意裝潢，更不用擔心以後房價上漲更買不起。

不過，買屋族通常需準備至少 2 ～ 3 成的自備款，再算上仲介費、契稅、代書等雜費，通常是筆相當龐大的花費，且每月房貸建議別超過薪水的 3 ～ 4 成，還要兢兢業業工作，擔心失去收入會繳不出房貸。筆者的友人 Nick，是在內科上班的軟體工程師，雖然知道自己幾年後會被公司外派到其他國家工作，但他仍選擇在台北購屋而非租屋，這是因為他發現付出去的房租跟購屋貸款差不多，且房子就算以後自己暫時不住了，也可轉為租賃使用，屆時憑藉房租收入就可輕鬆繳納房貸。

房貸與租金比，教你 "買" 還是 "租" 划算

此外，我們也可從以下兩個數字來衡量買房好還是租屋好，那就是「每月房貸與租金比」及「每月房貸佔總收入比率」。「每月房貸與租金比」是指買屋後，每月需支出的房貸，跟在同區域租一個相似物件的房租之比值，

如果每月房貸金額，沒有超過每月租金的 20 ～ 30%。代表買房子，跟租房子差不多，與其幫房東付房貸，還不如直接買房子。至於「每月房貸佔總收入比率」則指每月房貸占家庭每月總收入的比例，一般建議房貸占家庭總收入的 1 ／ 3，才不至於影響生活品質。以一個雙薪家庭為例，家庭月收入約 10 萬，若購入一間 30 坪的中古屋，房價約落在 800 ～ 1,000 萬元左右，相同條件的房型每月約 20,000 ～ 30,000 元的租屋費，以 20 年的房貸來算，每月需支付的本利約落在 30,000 ～ 40,000 元左右，占家庭總收入的 1 ／ 3 ～ 1 ／ 2 不等。

再舉一個實例來說：一間價值 1,000 萬元的屋子，買屋或租屋 20 年的負擔如下：

（1）租金 2 萬元／月 ×240 個月 = 480 萬元
　　　↓
　　　和房東租房子 20 年，租金付出 480 萬元→房子不屬於我的

（2）租金 5 萬元／月 ×240 個月 = 1,200 萬元－ 1,000 萬元（房屋價值）
　　　= 200 萬元（20 年利息）
　　　↓
　　　如同跟銀行租房子 20 年，租金付出 200 萬元→房子屬於我的

房市或許會隨著景氣波動，但房價不像股票會一下子大起大落，且不動產較具保值性，可說是進可攻退可守。萬一需要創業資金，只要房貸繳款紀錄正常，信用良好，也可用房子融資貸款作為創業之用，更別說，年老退休後還能靠房子以房養老，為自己保留一筆養老金，因此在能力許可的範圍內，建議最好還是趁早定下買房計畫。

尤其若是遇到房價下修、議價空間大且銀行利率低的時候，再加上政府推出「青年安心成家方案」，前2年利率1.44％，最長寬限期達3年，買房負擔其實並沒有想像中繁重，建議不妨勤做功課，有空就去看屋，累積看屋經驗值，張大眼睛精挑細選，並透過合法的房仲及代書協助，有心就有力，想要一圓買屋之夢，一點都不難喔！

 倩宜姊姊的買屋小叮嚀

Q：我能買多少錢的房子？能負擔多少房貸？

A：筆者推薦一種簡單的估算方式，幫助大家推估可負擔的房價，那就是以現有薪資乘以120倍，即是你可以負擔的房價金額。如果家庭總收入為10萬的這對夫妻，建議可負擔房價的最高上限就是1,200萬元，貸款8成也就是960萬則月付4.8萬的房貸。

Q：有人也許會問，那麼頭期款怎麼來？

A：以月薪4萬元的年輕人來說，如果每個月支出1／3作為日常開銷，那麼1個月可存下2／3，約27,000元的資金，努力存個3、5年，百萬頭期款就有了。

房價高高掛？你的功課做足了嗎？

　　35 歲的陳太太和先生育有兩名子女，租屋多年，為了讓小孩在較好的學區就讀，同時也想住得離娘家近一些，所以近年來開始積極在新北市新店區看屋，鎖定附車位的中古 3 房電梯產品。只是儘管曾看上了幾間房子，但因皆與屋主認知的價格有差距，最後都沒成交。

　　陳太太認為，新店區現在的中古屋房價已從 5 字頭降到 4 字頭，但 3 房加車位的物件總價最少都要 1,600 萬元左右，相同價位其實已可買到台北市內湖區或文山區條件差不多的產品，她堅信賣方應該還有降價的空間。

　　2001 年房市反彈開啟多頭，走了將近 20 年榮景的房市，終於在政府陸續祭出打房政策後，自 2014 年起反轉，投資客大舉退場，自住買方漸漸成為市場主力。在房價修正及比價效應的影響下，買氣持續轉衰，2016 年房屋買賣移轉棟數僅 24.5 萬棟，演變只有讓利，消費者才肯買單的買方市場。

　　「有意購屋民眾，有 6 成以上認為房價會走升」、「雙北近 5 成民眾看跌 Q3 房價走勢」，這是 2017 年 6 月出現在報章媒體的兩則房市新聞，角度、觀點截然不同的房市報導，讓民眾看得霧煞煞，到底房價是跌是漲，令人無

所適從。實際上，房地產業確實是發布新聞頻率相當高的行業，每天都有房仲業者、建設公司、地政主管機關甚至金融機構對房屋市場發布相關新聞，在茫茫新聞海之中，到底該怎麼做功課，才能對市場做出較準確的判斷，了解自己該如何出價，或是何時進場購屋，較適宜呢？這時參考所謂的官方數據，應更具代表性及公正性。以台北市政府地政局為例，2017 年 6 月公佈最新不動產市場年報，以地政局的買賣登記及實價登錄資料為基礎，歸納出 2017 年不動產交易量，讓各界掌握房市脈動趨勢，就相當具有參考價值。

台北市政府地政局以買賣登記及實價登錄資料為基礎，分為兩大部分進行大數據分析，第一大主軸從市場總體面出發，回顧分析台北市近年整體房市，並歸納整理 2017 年不動產市場交易量價情形，包括不動產登記交易量、建照及使照戶數、建物第一次登記棟數、不動產經紀業家數及實價登錄量價分析等。第二大主軸則以 2017 年不動產實價登錄資訊統計分析不動產次市場面，包括住宅市場、辦公市場、店面市場及停車位等市場型態資訊，讓房市更趨透明化。

善選工具，觀察房市動態有一套

到底怎麼從中觀察房市動態呢？

首先我們來觀察臺北市建物買賣登記棟數歷年交易量的波動情形，其明顯受政府施政及整體經濟環境影響，2006 年為建物買賣登記棟數的歷史最高點達 68,976 棟，2016 年是歷史最低點為 21,500 棟，跌幅逾 6 成；不過，2017 年建物買賣登記棟數又回升至 23,447 棟，較 2016 年增幅 9.06％，顯示房屋交易量有緩步回升的跡象。2017 年台北市房屋交易量前三名為中山

表 1-5　民國 106 年動態年報：住宅市場－各區交易總價及單價排名

平均交易總價（萬元）　　　　　　　　　　　平均交易單價（萬元／坪）

	102年	103年	104年	105年	106年	排名	106年	105年	104年	103年	102年
尖端房價區	大安區 3.142	大安區 3.377	大安區 3.718	大安區 3.294	大安區 3.333	1	大安區 85.2	大安區 86.8	大安區 90.8	大安區 96.5	大安區 92.0
	中正區 2.956	中正區 3.080	中山區 3.095	中正區 3.140	松山區 3.067	2	中正區 76.0	中正區 78.7	信義區 76.7	信義區 82.3	中山區 78.2
	信義區 2.583	信義區 2.917	信義區 2.787	松山區 2.592	士林區 3.034	3	信義區 71.2	松山區 71.5	中正區 75.9	松山區 81.5	信義區 78.0
	102年	103年	104年	105年	106年	排名	106年	105年	104年	103年	102年
親民房價區	萬華區 1.351	萬華區 1.325	萬華區 1.375	萬華區 1.519	萬華區 1.537	1	文山區 48.3	文山區 48.1	文山區 48.6	萬華區 47.2	萬華區 46.3
	文山區 1.696	北投區 1.702	大同區 1.584	大同區 1.684	大同區 1.662	2	萬華區 48.9	北投區 49.5	萬華區 48.8	北投區 50.0	文山區 46.5
	大同區 1.779	大同區 1.759	文山區 1.783	北投區 1.886	文山區 1.857	3	北投區 49.1	內湖區 55.7	北投區 49.3	文山區 50.5	北投區 46.8

備註：
1. 大安區交易總價及交易單價連續 5 年蟬聯第一
2. 萬華區交易總價連續 5 年最低，文山區交易單價連續 3 年最低

資料來源：台北市地政局

區、內湖區、文山區。房價部份，2017 年台北市平均房價為 2,471 萬元，較前一年上升 7.76%，平均單價則是以 61.6 萬元／坪，較 2016 年跌幅 0.65%。各行政區平均總價最高為大安區 3,333 萬元，最低為萬華區 1,537 萬元。各行政區平均單價居冠為大安區每坪 85.2 萬元，已連續 5 年排行第一，最低的則是文山區 48.3 萬／坪，已連續 3 年最低（參見表 1-5）。

而從住宅建物型態觀察，仍以大樓為購屋主流，占比 58.25%，以 20～40 坪為交易主力占 44.84%。屋齡 31 年以上占 38.72%。由於跟新成屋相比，中古屋是一般雙薪家庭勉強可負擔的房價，再加上少子化緣故，故 3 房的標準格局仍是一般民眾較青睞的搶手物件，占比 39.83%。

另外，建造執照與使用執照的總核發數量則被視為預售屋與新成屋的市場冷熱指標，2017 年核發建造執照戶數較 2016 年增幅 7.86%，而 2017 年核發使用執照戶數較 2016 年減幅 3.5%，另 2017 年全市建物首次登記棟數、核發使用執照戶數皆創下歷史新低點（參見表 1-6）。

官方與民間業者數據交叉比對，房市真相一把抓

因此若民眾對目前房市或房價有疑慮，不曉得該如何判斷，建議透過內政部營建署及各地方政府地政機關的大數據資料（註 1），進一步了解不動產市場交易量（註 2）、價的真實情況，另外實價登錄網站的透明房價資訊，亦可提供全面的不動產資訊（註 3），讓任何想了解或進入不動產市場的人，更能掌握市場脈動，深入了解房市交易狀況。

此外，透過各大房仲網站查詢成交行情，先從內政部實價登錄網站抓出

區域成交平均價後，再進入各大房仲業者網站和市面上的房屋買賣網，交叉比對同區域及同社區的成交行情，將三者價格平均，就能更準確地抓出區域行情價。提供房屋成交價資訊的房仲業者有好幾家，基本上秀出的價格多是實際成交價。而樂屋網則是整合好幾家房仲業者的資料，雖然不像房仲網站提供詳細的地址與車位價格，但也可看出大概的價格區間。亦可透過房屋買賣網進行交叉比價，如「591 房屋網」（www.591.com.tw），除了可查到各縣市的出售行情，也可查詢「平均房價走勢」，清楚了解目前各區域平均價。

表 1-6　台北市 2017 年房地產分析重點表

分類	重點整理
總體市場	・2017 年建物買賣登記棟數止跌回升、建物第一次登記棟數、核發使用執照戶數皆創下歷史新低點。另 2017 年台北市交易量以中山區居冠，內湖區緊跟在後。
	・2017 年不動產經紀業執業中家數較 2010 年減少 5 家，不動產經紀業開業家數比均低於 40%。另預售屋管理新制全面納管 65 家。
	・土地交易量反彈回升，2017 年交易量及總金額大幅增加 48.74%、20.5%
	・房地交易量及總金額止跌回升，惟 2017 年交易量僅為 2013 年之 53.89%
住宅市場	・2017 年住宅交易量止跌回升，較 2016 年增加 8.46%，中山區交易件數連續 5 年穩居第一。
	・中山區交易總金額持續居高，與最低之大同區相差 5.38 倍。
	・2017 年平均交易單價微幅下跌 0.65%，大安區連續 5 年蟬聯第一，文山區連續 3 年最低。

資料來源：台北市地政局

倩宜姊姊的買屋小叮嚀

Q：如何確保我不會買貴了？

A：

1. 評估自身需求與財力狀況。

2. 選定想購屋的區位，透過報章雜誌、房仲店頭及房仲網站，多方了解當地房價行情。

3. 上內政部「不動產交易實價查詢服務網」（lvr. land.moi.gov.tw/）查詢。

畢竟若能挑選到好的區域地點，不僅住得方便，日後轉手或出租都很容易。接著上網進行交叉比對，即使不出門也能清楚瞭解目前的市場行情，確實掌握區域行情價，不必再擔心因屋主漫天開價而買貴了！

備註

1. 新北市政府地政局建置開發完成「地政雲整合查詢系統」（https:// gis.land.ntpc.gov.tw/ntpclandcloud），將民眾常用之地政資訊查詢功能整合為單一入口，讓使用者輕鬆找到符合需求且正確即時的地政資料，內容可查詢包含土地建物、標售(租)土地、不動產價格、加密控制點等資訊。其中土地建物查詢服務，係以 GIS 地圖方式顯繪，除以地、建號查詢 位置外，還提供以戶、地政門牌定位功能、周邊合法不動產仲介、地政士等資訊服務，輔以 Google 街景功能，民眾在網路即可瞭解所查標的之地籍標示資訊、使用分區、道路實景及週遭環境，非常實用。

台北市政府提供的「臺北地政雲」系統則從使用者的需求出發，透過 GIS 雲端平台整合台北市政府與中央政府共 15 個機關的地籍、地價、地籍圖等資料，方便民眾了解台北市各地段的地價與房價，提供更客觀的比價標準。除了不動產資訊，民眾如果關心公有土地、區段徵收、市地重畫、智慧生態社區等資訊，在地政雲網站上也可查詢得到。臺北地政雲系統網址（https://cloud.land.gov.taipei/index.aspx）

2. 內政部交易實價查詢服務網（http://lvr.land.moi.gov.tw/N11/ homePage.action）。這是官方版的查詢系統，從 2012 年 8 月開始登錄資料，10 月開放系統查詢，包括房屋買賣、租屋都要登錄。每月月初及月中都會公布前兩個月的最新交易資訊供民眾查詢，例如 8 月份會公布 6 月時的實際交易資訊。

3. 內政部不動產價格 e 點通（http://etp.cpami.gov.tw/）。該網站整合了政府各機關的不動產交易價格資料庫，可查詢中古屋、法拍屋、金拍屋、國有財產局等交易的價格資訊。但中古屋只能查詢區段範圍的價格，可瞭解市場大概行情。

〔陰影 4〕進場 VS. 退場

房價好像還會跌？到底何時才能進場？

　　Robert 今年 40 歲，與太太 Maggie 結婚多年育有一子，一家三口住在月租 24,000 元的汐止社區，雖然 Robert 爸媽一直催促他要盡早買房，但 Robert 覺得現在房價跌得不夠多，想等到更低點再去看屋。

　　很多人都在問，房價到底還會不會大跌？現在是進場的好時機嗎？

　　國內房地產市場的交易量歷經 2016 年的谷底、2017 年的回升之後，從最近房仲業者的統計民調數據可看出，2018 年民眾看跌房價的比例正逐季下降，認為「房價將持平」的比例則漸漸上升，反映出民眾對於未來的房價走勢已經不再像前幾年那麼悲觀。

　　很多民眾放棄購屋的原因，係因「房價高且漲個不停」，但房價下跌的時候，大家又不敢進場，想等到房價跌到「最低點」再買房。買房子就如同買股票一樣，你永遠不可能買到最低價，也不可能賣在最高價，不過最好要有「危機入市」的反市場操作心態，當房地產市場上呈現出一片悲觀氣氛的氛圍時，通常是不錯的買點。出現重大利空時也往往是買點，因此有購屋需求的民眾不妨把握「買方市場」的購屋時機，挑選最適合自己的房子，會勝

過苦苦一直等待房價下跌更為實際。 也別抱著台灣房價會大跌的期待，隨著都會區都市化發展，交通建設愈來愈多，市中心的地價愈來愈高，都會區的房價也只會愈來愈昂貴，因為土地是稀有的，就算政府祭出打房措施，房價大跌的可能性仍不高。

再把時間拉回 20 年甚至 30 年前，台灣房價也不曾出現大跌的時候，除了在中共試射飛彈、921 大地震、奢侈稅實施、SARS 及金融海嘯等重大利空事件，房市曾受到衝擊，短期內房價下跌，但歷史經驗證明，當時大膽進場購屋的人，幾乎都買在「相對低點」，成為房市贏家。儘管房市過熱，房價漲多就會拉回修正，但在物價不斷上漲的趨勢下，房子屬於會增值、保值性高的產品，房價長期絕對還是往上走，加上現在的利率仍處於低點，買比租划算，期待房價大跌的機率頗低。

小坪數、中低總價產品已成市場主流

根據「信義房屋」公布的 2017 年第 1 季民眾購屋意向調查結果顯示，雖然有 59% 的民眾認為未來的房價會下跌，但是這項比例卻是近 10 季（兩年半）以來的新低數據，可見隨著近年來房市價格歷經「普遍而且明顯」的下跌之後，民眾對於 2018 年房地產市場的後勢，已經不再像前幾年那麼悲觀。事實上，自從 2014 年國內房市步入空頭市場以來，六大直轄市的房價都出現明顯的跌勢，平均下滑的幅度至少 15 ～ 20%，包括台北市的信義計畫區、新北市的新板特區、台中市的七期重劃區、高雄市的亞洲新灣區等蛋黃區的房價，跌幅超過 20% 的案例不在少數。

但在建商持續讓利、首購族購屋意願提升的情況下，全台各地都有不少

預售建案陸續傳出銷售順暢、甚至「clean 完銷」的例子,連新完工或興建中的高總價豪宅更是頻頻傳出「賀成交」的聲音,可見現在的房地產市場已經有不少「逢低承接」的買盤進駐。

再者,買房的人莫不希望自己買在低點,可以低價進場撿便宜,但此時卻沒有賣方願意低價拋售而堅守開價,買方大多預期房價會再下跌,不願追價,使得買賣雙方在價格上難有共識,大幅延長了房屋去化的時間。且目前小坪數、中低總價產品已成為市場主流,有剛性需求支撐,買氣較旺,議價空間相對較小。

🏠 買賣移轉棟數止跌回升,房市出現回溫跡象

「房屋買賣移轉棟數」是指官方統計完成買賣過戶的房子,移轉棟數愈多,房市愈活絡,最高點為 2006 年 45 萬棟,2015 年、2016 年下降至 29.25 萬棟與 24.53 萬棟,分別創下 15 年與 25 年新低,2017 回升至 26.6 萬棟,比前一年年增約 8%,顯示房市確實開始回穩升溫,但房價則未同步上揚,量價回穩的現況已然成形,可以確定的是 2018 年房市會是相對穩定,呈現價平、量微增的盤整態勢。2018 年第 1 季全台房屋買賣移轉棟數有 6.6 萬棟,上半年每月也維持在 2 萬棟以上,與去年同期相比年增 11%,估計全年買賣移轉棟數將有機會達到 28 萬棟,另外,從其他的數據來看,雖然民眾認為「房價看漲」的比例仍然維持在前幾次調查結果的 7%,但是認為房價可望持平的比例已經從 2017 年同期的 21%,緩步上升到 2018 年第 1 季的 34%,代表有 1 / 3 的民眾認同現在的房價已經從以前的「超不合理」價格,慢慢回到「持平、合理」的價位。

危機入市，掌握低價買房時間點

　　房市原本就是有人看多，有人看空，但歷史經驗告訴我們，台灣這20年來經歷導彈危機、SARS、金融海嘯、實價登錄及房地合一上路等，每個時期都曾造成人心惶惶，屋主急於釋出物件，造成房價暫時回檔，但也有人勇於危機入市，趁機撿便宜，等到房市反彈，資產因而大漲。因此房地產市場有句名言「當觀望的人愈來愈多時，就是買房的好時機」。所謂「危機入市」就是這個意思，當房市利空消息偏多時，房屋議價空間較大，正是財富重新分配的關鍵時機。

倩宜姊姊的買屋小叮嚀

Q：如何逢低買進，精準出價？

A：

1. 改變進場撿便宜的心態。

2. 選擇適合自己的區段、標的物。

3. 不妨多考慮開價符合實價登錄的物件。

畢竟房市沒有絕對的高點或低點，不要在房市低迷時心存觀望，錯失購屋時機，而應該隨時保持對房市的敏銳度，選擇人口持續增加、生活機能及交通條件趨於成熟的潛力區，並避免買在空置率高、推案量大，需要長時間去化的新興開發區。

其次，物件開價若符合實價登錄，甚至房價已下修 1.5 成左右，則不妨大膽買進，畢竟即使日後房價下跌，但只要持有時間夠長，還是能對抗通膨的壓力，享有資產增值的成果。

〔陰影5〕**離婚 VS. 財產分配**

老公有房就好？
別傻了，另一半的房子不等於你的……

　　35 歲的小芳是全職媽媽，與先生阿強育有 7 歲及 5 歲的兩名子女，發現阿強外遇已有一段時間，因為顧及孩子，想讓小孩有個健全的家庭，所以她選擇隱忍，直到事情終於紙包不住火了，兩人這才決定攤牌……，只是沒想到，老公這時竟然翻臉不認人，甚至把小芳趕出家門，強逼她簽字離婚，好跟外遇對象再婚。婚後的小芳為了照顧小孩，辭掉原本待遇還不錯的醫院行政工作，算算自己離開職場已有 7 年之久，現在想要重回職場卻四處碰壁，她除感嘆自己遇人不淑，也只能跟娘家求救，找律師打官司為自己及孩子爭取權益。

　　最後說到兩人婚後居住的房子，因為是阿強婚後獨自貸款購入，所以直接就登記在他自己名下，目前市值約 1,000 萬元，尚餘約 200 萬元的貸款。所幸小芳還有一間父母留給她的小套房可棲身，才不至於無家可歸。

　　在台灣，離婚真的不算新鮮事，根據統計，2016 年全台共有 53,837 對夫妻離婚，平均每天就有 147 對夫妻正在辦理離婚手續。論及夫妻離婚，除了孩子的監護權，一般最容易產生糾紛的就是財產分配的問題。尤其沒有工作收入的全職媽媽，一旦面臨離婚難題，除了可能失去小孩的監護權，被丈

夫趕出原本住所的機會也大大提高，這時，究竟該如何捍衛自己的權益呢？

🏠 不特別約定，台灣多數夫妻採用「法定財產制」

關於夫妻在婚姻存續期間彼此財產權利應如何處理，主要是規定在《民法》親屬編第 4 節之「夫妻財產制」中。夫妻財產制可分為「法定財產制」及「約定財產制」兩種，其中約定財產制又可分為「共同財產制」及「分別財產制」兩種。依據《民法》現行規定，夫妻在結婚前後，如果沒有用契約選擇夫妻財產制者，法律上會以「法定財產制」做認定。選用「共同財產制」的可說是微乎其微，另有少部分是選用「分別財產制」，內容就是夫妻雙方各自擁有自己所有財產，並沒有婚前或婚後財產的區分，較簡單也較無爭議。

🏠 婚前買的房子，不納入剩餘財產分配

因此「法定財產制」是現在最普遍也是最多夫妻採用的財產制，其最大特色是將夫妻的財產分成婚前財產與婚後財產。婚前財產，顧名思義就是夫妻在結婚前各自取得的財產，婚後財產則是結婚後才取得的財產，至於婚前財產在婚後關係存續期間的孳息（例如存款利息或房租等），則視為婚後財產。夫妻個人的婚前財產各自保有其所有權，各自管理、使用、收益及處分，不必徵求配偶同意，也不納入夫妻剩餘財產分配的範圍。

婚後財產就不一樣了，法律規定因離婚、夫妻之一方死亡導致法定財產制關係消滅時，夫或妻除了因繼承或其他無償取得之財產與慰撫金之外，其他所有現存的婚後財產，扣除婚姻關係存續所負債務，如果還有剩餘，則雙方各自剩餘財產的差額，應平均分配，是為「夫妻剩餘財產分配請求權」。例如男方名下有一棟價值 900 萬元的房子、銀行存款 100 萬元，女方名下無

房子，僅有存款 50 萬元，雙方對外均無負債，則女方可要求男方給予剩餘財產分配（〔900 +100 - 50〕／2 =）475 萬元，這項設計是為了合理評價「操持家務之一方，對家庭生活付出勞動力的貢獻」！

已婚更要力求經濟自主，才有籌碼爭取權益

以小芳的例子來說，雖然房子登記在阿強名下，卻是兩人婚後才買，小芳身為全職媽媽，並無工作收入，屬經濟較為弱勢一方，兩人離婚時，可請求分配夫妻剩餘財產，為自己爭取權益。至於夫妻剩餘財產的計算方式則為價值 1,000 萬元的房子，扣除房貸餘額 200 萬元後，尚剩 800 萬元，而小芳的套房因是繼承得來的財產，婚後也無房租收入不納入分配，因此夫妻間剩餘財產差額為 800 萬元，離婚的時候，阿強必須拿出剩餘財產的一半也就是 400 萬給小芳。但這項請求是以金錢給付，並非指小芳可直接要求過戶房子的一半，法律上屬於債權，若阿強不肯支付，小芳可以透過打官司追回。

此外，從小芳的故事得知，儘管男人外遇離婚的代價不小，但全職媽媽如果面臨失婚，恐將陷入更辛苦的處境，建議現代女性從年輕時就要積極規劃理財或置產，不要以為結婚後夫妻合力買房就好，即使走入婚姻，女生最好還是保有自己的工作、職業技能及私人財產，萬一不幸失婚，至少具備一定的經濟自主能力，不用擔心流落街頭，更有籌碼為自己及孩子爭取權益。

至於離婚時，兩人住的房子到底要如何分配，往往成了離婚雙方爭論角力的焦點，是否夫妻兩人就一人分一半呢？其實答案有點複雜。

🏠 房子最好登記夫妻共有，方享有「優先承買權」

　　原則上，不動產（房子、土地）的「所有權」歸屬，是依照「登記」來認定，登記在誰名下就是誰的，因此建議像房子如此金額龐大的不動產，若是夫妻兩人合資購入，擔心日後步上離婚之途，沒有登記的一方會變得一無所有，最好的折衷方案就是：房子登記由夫妻共有，這麼一來，即使其中一方想出售這棟共有的房子，另一方可享有「單獨」且「優先」購買這間房子的權利，這就是法律上所謂的「優先承買權」。此外，雙方最好以白紙黑字約定彼此購屋出資比例並且保留每份繳房貸、固定匯款的收據證明等，一旦日後夫妻若賣掉房子或離婚時要分配財產，這項證明便是推算分配金額、產權比例的重要依據。

備註　　夫妻選擇適用的財產制需作成書面契約，否則不生效力；作成書面契約後除非向法院辦理登記，否則不得對抗第三人。

倩宜姊姊的買屋小叮嚀

Q：離婚後，共同居住的房子如何分配？
另一半可以要求登記房子一半的產權嗎？

A：「法定財產制」可保障夫妻在離婚時各自保有其財產的所有權、管理與使用權，債務也各自負擔。另外，夫妻離婚或配偶死亡後，財產淨值較少的一方，可獲得夫妻剩餘財產差額的一半。至於因繼承或其他無償取得之財產及慰撫金，不管是婚前還是婚後取得，就不是剩餘財產分配的範圍。

夫妻一方在離婚前 5 年內，若為了逃避分產給對方，而故意把名下財產賤賣、送給小三、小王或人頭，有可能減損未來可分配的剩餘財產，原告可向法院聲請撤銷該財產處分，將該財產納入剩餘財產分配。

但若男女雙方在離婚時沒有約定剩餘財產分配，在離婚生效後兩年內，剩餘財產較少的一方仍然可以根據《民法》第 1030 條之 1 第 1 項的規定，向法院提起民事訴訟，請求法院判決對方給付。

沒有富爸爸，
月薪 22K，我的購屋頭期款打哪來？

　　小廖與小傑是一對個性截然不同的好哥們，小廖個性保守、謹慎，凡事有計畫，大學畢業後就努力補習考國考，當上公務員之後，每個月認真地儲蓄、投資基金、ETF，目標就是趕快存夠錢買房，好把交往多年的女朋友娶回家。

　　反觀小傑，由於外表出色帥氣，換女友就跟換工作一樣，汰換率特高。而擔任業務工作的他，收入大起大落，花錢也沒個節制，使用的是高檔手機，穿名牌、開名車，卻是一個標準的月光族。

　　目前兩人同樣在外面租房子，幾年時間下來，小廖已經成功存到一筆自備款，開始到處看屋準備買新房，倒是小傑，戶頭裡卻連六位數都不到……。

　　台灣低薪問題嚴重，不少年輕人感嘆「薪水低、物價高，根本存不到錢，更遑論買房子」。畢竟買房要有自備款，對不少起薪只有22K的年輕人而言，想存到第一桶金，談何容易，但也不能因此就放棄夢想，月薪 22K 買房絕對是神話，不過，大多數社會新鮮人起薪都是這樣開始的，每個人再透過職場經驗及能力的累積，爭取升職或轉職加薪，只要目標明確，下定決心要累積買房的第一桶金，假以時日必定能成功達標。

　　不少小資族認為，與其幫房東養房，不如替自己找個永久的家。筆者認同這樣的觀念，但提醒大家，會作夢是對的，但不要光是做夢而沒有行動，有空時不妨先去看看房子，跟房仲業務聊聊天，從郊區、小坪數及低總價的物件開始看起，利用幾年的時間慢慢觀察，培養自己對房市、房價的敏銳度，如果存款累積達到百萬之譜，一旦等到理想的標的出現，就可立即出手。

　　現在年輕人踏入社會的年紀多半約 25 歲上下，若設定 35 歲前買房，等於有長達近 10 年的時間可以籌措買房的頭期款。若想儲蓄 150 萬元的自備款，等於每年至少要存下 18 萬元，這個金額其實並不算高，若有幸找到另一半一起存錢，買房圓夢的時間或許還能減半呢！

投資自己＋理財儲蓄，十年存百萬頭期款不是夢

　　不過，筆者認為，真正的「開源」還是來自工作薪資的成長。在 25 ～ 35 歲的黃金十年，應投注最多心力在工作上。若能想辦法讓收入倍增，投資本金就能快速擴大，用大錢滾大錢的賺錢效率更高。小資族在追求升職加薪的同時，若能有紀律、有毅力地理財儲蓄，並把每年公司配發的紅利及年終獎金有效運用，將扣除生活費之後的可支配所得，透過 2 成定存、2 成儲蓄險、3 成定期定額買基金、債券型基金或 3 成外幣存款等不同方式，分散投資風險。若不知道怎麼選擇何種基金，除詢問銀行理財專員外，也可上理財相關網站蒐集資料，例如 Yahoo！奇摩網站的理財頻道每年都舉辦「奇摩基金大賞」活動，由投資人直接票選年度最佳基金，就是很好的參考指標。

　　若每月投入 2 萬元購買定期定額基金，預期報酬率為 8％，只需 4.5 年便可累積到百萬元的第一桶金。此外，也可選擇殖利率高的概念股加快資金

累積的速度，一般來説，台幣及外幣定存、儲蓄險、配息基金甚至跟會都是小資族可運用的理財方式，但只有保單和定存可保本，其他投資均有本金變動的風險（參見表 1-7）。

表 1-7　各種籌措頭期款方式的優缺點

	優點	缺點
向親友借貸	・快速取得資金 ・免徵信	人情債難還
父母贈與	・快速取得資金 ・免徵信 ・無患款壓力	需顧慮贈與稅，2009 ／ 01 ／ 23 後調整為每人每年免稅額為 220 萬元，父母兩人為 440 萬元
存款（新台幣）	・可獲得固定利率收益 ・倒帳風險低	利率偏低，1 年期定存利率約 1.09 ～ 1.15%，存的速度較慢
存款（外幣）	・投資門檻低 ・可獲得固定利率收益 ・倒帳風險低	需承受匯兌風險，波動大時，可能減損本金
共同基金	・專家理財 ・投資門檻低，3,000 元起跳 ・商品選擇多	投資有風險，可能有賺有賠
信用貸款	・快速取得資金	・利率高低不同，一般 4% 起跳 ・有手續費、開辦費、帳戶管理費等額外費用 ・利率高，僅適用做為輔助工具，建議應優先償還
標會	傳統婆婆媽媽常用的存錢方式，用跟會強迫儲蓄，賺取高於定存的利息	有被倒會的風險

運用多元投資工具，分散投資風險

若依數學公式計算，小資族每個月只要在銀行帳戶存入 10,000 元，等於 1 年存 12 萬元，8 年多就能存到 100 萬元。不過，100 萬元不過是個「最基本盤」，透過投資，才能更快達成目標，提早實現夢想，如果不選擇操作風險大且專業性高的股票投資，以 10 年為一個投資期間，仍有許多定存以外的理財工具，風險低、又能帶來比定存更好的報酬率，例如年報酬率可達 4 ～ 6% 的債券型基金，或每個月用 10,000 元定額定期投資 2 ～ 3 檔基金，只要運用每月薪水的 1 ／ 3，約為 10,000 ～ 15,000 元，展開投資起點便已足夠。

總之，要存夠頭期款一定要開源節能，或許會犧牲一些生活品質，但只要固定儲蓄、多做功課，早點規劃，加上低利優惠房貸，想買一間房子，真的沒有想像中困難。

倩宜姊姊的買屋小叮嚀

Q：如何在 35 歲之前存到第一桶金？

A：

1. 節流：盡可能省下不必要花費，盡量降低娛樂費、聚餐費、多在家開伙、少買名牌衣物、減少出國旅遊次數等開銷。

2. 開源：留意工作的「薪資成長性」，把握黃金十年全心投入工作，設法讓收入倍增。另外，若心有餘力，不妨再找份兼職，也能增加些許收入。

3. 記帳：藉此檢視所有開支，掌握每月收支，確保跟理財規劃一致。

〔陰影 7〕首購心慌慌
我既年輕又單身，房子要買哪裡比較好？

Richard 目前單身，沒有固定交往的女友，逢年過節回南部老家，不免就要面對家人的叨唸，要有買房成家的計畫，讓他覺得回家壓力好大！

Richard 其實也是滿腹委屈，覺得自己剛出社會工作沒幾年，交往對象也還沒個影兒，以後公司、老婆要搬去哪也不知道，父母幹嘛老是催他買房子。況且若真要買房，到底要買在哪裡？他可是一點概念也沒有……。

有著跟 Richard 類似經驗的人其實不少，「三十而立」的年輕人正值事業打拼的階段，也是人生變動相當劇烈的階段，結婚生子或換工作，都可能在幾年內發生，到底適不適合買房，其實見仁見智。有些年輕人會選擇先買房自住或投資，也有人為了強迫儲蓄而買房，但有更多年輕人喜歡將大部分收入用於娛樂享受，筆者則認為「寧可苦一陣子，不要苦一輩子」，如果能調整每個月收支的比例，將較多部位的薪水儲蓄起來，就有機會存出第一桶金，甚至擁有人生第一間房子。

考量人生重要排序，房子買在哪裡才有譜

當然，也因為還年輕，人生變動的機率很高，雖說買房首重「區位」、

「地段」，但黃金地段大多房價也高，對年輕世代而言，是一大負擔。所以，首購族買房，首先應該要想好未來幾年，生活可能會出現什麼樣的改變，建議先排出自己覺得重要的優先順序，方才容易做取捨。例如，以後結婚生子，可能需要仰賴父母協助照顧，那就要盡量選擇離父母家近一點的地方買房；擔心未來小孩就學問題的話，在明星學區先卡位就是第一順位。或許也有人不想花太多時間在通勤上，尤其如果工作穩定性高，以後變換工作的機會不大，那麼就可考慮在公司附近購屋。或者選擇住郊區，再利用捷運等大眾運輸工具通勤，用時間換取更大居住空間也未嘗不可。但再怎麼計畫，可能永遠趕不上變化，換屋的可能性也須納入考慮，因此房子是否好轉手，具保值性甚至好出租，絕對是口袋不深的首購族務必要列入考量的關鍵因素。

買房應循序漸進，先求有再求好

決定好購屋地點之後，其次，要考慮的就是居家的空間大小，事業剛起步的年輕人應「先求有再求好」，不妨先從「低總價」的中古屋或小房下手，待經濟能力提升，再換成新成屋或大屋，首購不必一次到位，而選擇三房兩廳的標準空間或是新房子。此外，建議房貸比重最多不要超過月收入的 4 成～ 5 成，以免壓迫日常生活開銷，以 20 年期房貸、1.7% 利率為例，若自備 100 萬元，貸款 500 萬元，每月本息攤還金額約 24,600 元，以此類推，便能推算出自己可負擔的房屋總價範圍。

至於年輕人該怎麼規劃，才能存到買房基金？存錢的首要原則就是克制消費慾望，且最好訂定買屋的期程目標，例如是 5 年還是 10 年計畫，看似知易行難。舉例來說，假設 Richard 月薪 40,000 元：若每月能存下總收入的一半也就是 20,000 元，4 年左右就能達成 100 萬元自備款的目標。 若透

過報酬率更高的投資工具，年限還可縮短。最後也是最重要的一點就是，務必勤做功課，現在不少房仲都推出網路版或手機板的看屋系統，網路上也都有各種房地產的討論平台，盡早鎖定自己想買的區域及產品多做功課，反正看屋不用花錢，有空就多去看房累積經驗值，35 歲前買屋絕對不是神話！

 倩宜姊姊的買屋小叮嚀

Q：第一次買房子，應該注意什麼？

A：

1. 勤做功課，先找有買屋經驗的朋友聊聊，累積經驗值。

2. 衡量自身財務能力及購屋負擔，再找房仲看屋。

3. 預先算好自備款及房貸，每月房貸本金與利息的還款金額，最高不要超過月收入的 4～5 成。以月收入 10 萬元的家庭來說，每月可負擔房貸 40,000 元，依此回推，可負擔的房貸為 805 萬元，加上兩成自備款 200 萬元，大約可買總價 1,000 萬元左右的房子。

時機歹歹，若失業繳不起房貸，怎麼辦？

阿超前一陣子不幸被公司資遣，太太是全職主婦，全家唯一的經濟來源目前亮紅燈，而更令人憂心的是，在資遣費用罄後，除了日常生活開銷將會出問題以外，夫妻倆還要面臨沒錢繳房貸的窘境……，阿超現在急得像隻熱鍋上的螞蟻，難道全家人只有賣屋或坐等房子被法拍一途嗎？

這種因失業但又背負房貸的案例，在經濟不景氣時特別多，如果你是阿超，應該怎麼辦呢？

房貸族若失業或遭遇重大變故，無法按月繳房貸，最好先跟親友協商調頭寸請求幫忙，另外可盡速前往政府機關請領勞工失業津貼，暫時救急度過難關，待回歸職場之後，再比照銀行的存款或借款利率償還親友。

根據勞工局規定，勞工於非自願離職後，在辦理退保當日前 3 年內，保險年資合計滿 1 年以上，具有工作能力及繼續工作意願，可向公立就業服務機構辦理求職登記，自求職登記之日起 14 日內仍無法推介就業或安排職業訓練，每月按申請人退保前半年之平均月投保薪資的 60％發給失業給付，最長發給 6 個月，45 歲以上中高齡或身心障礙者最長發給 9 個月。

積極與銀行協商,非不得已才走上法拍

其次就是趕快跟貸款銀行協商利率和還款期,若貸款人平時保持還款正常,遇有緊急狀況時,較有機會與銀行協商。且因房貸屬「有擔保品」債務,貸款金額龐大,一旦走上法拍一途,拍賣價約僅原房價的 6 ~ 7 折,如此一來,銀行損失會更大,因此銀行大多願意提供協商空間。建議有房貸卻失業或收入減少的民眾,最好主動向銀行洽談,是否有降低貸款利率或拉長還款期限的可能,將貸款的負擔減到最低,減少被銀行列為逾放的可能性,像是爭取「只繳息不繳本金」的寬限期,或是延長還款期為半年後到 1 年左右的寬限期,想辦法多爭取一些還款的緩衝時間。

只是和延長還款年限一樣,想申請延長還款間隔期的房貸戶必須出示還款能力不足的正當證據,如非自願離職證明或資遣單等,這樣協商成功的機會通常較大。

失業莫心慌,變通方法多方嘗試

另外,若家裡還有多餘的房間或空間,設法騰出來出租給他人,增加租金收入,以籌措房貸費用,自己則搬回老家或找空間較小且租金相對便宜的租屋另行居住,也不失為一個可行的折衷辦法。若短期內沒把握重返職場,則建議長痛不如短痛,盡速賣掉房子以清償房貸,轉買為租,總好過房子被法拍,連帶影響個人信用。

當然,最後一途也是最不得已的作法才是房子被法拍。若萬一房子不幸仍淪為法拍,銀行在扣除貸款金額之後剩餘的房貸,銀行會以一般信貸的協商條例要求攤還,債務人也可和銀行協商分期還款期限,儘量爭取免利息,

或把還款分期拉長至 24 ～ 30 年攤提。

平時應有緊急備用金，可因應轉業期生活所需

不過，房屋貸款對一般家庭確實負擔頗重。建議購屋之時，最好還是要有風險規劃，平時至少應備妥 3 ～ 6 個月的家庭開支所需，放在定存不動，以備不時之需，也就是所謂的緊急備用金，以免失業後隨即面臨經濟困境。此外，經濟頓時陷入困境的家庭，亦可向民間的社福團體或政府社政單位尋求短期補助或中低收入補助，想辦法讓家庭經濟先回穩，然後積極培養第二專長，努力尋求機會重回職場，才是解決問題的根本之道。

倩宜姊姊的買屋小叮嚀

Q：沒錢繳房貸，但又不想賣房，還有別的方法嗎？

A：

1. 先跟親友借款應急，一方面趕快找工作或打工。

2. 申請失業津貼。

3. 找銀行協商，調降貸款利率或延長還款年限。

4. 貸款房若有空房間，不妨考慮分租，增加收入。

5. 想辦法搬回老家或親友家暫住，房子騰出來出租他人，用租金繳房貸。

〔陰影 9〕**月薪水位 VS. 房貸成數**

月薪不到 4 萬元，我有資格辦房貸嗎？

　　阿明月薪 36,000 元，已婚，妻子阿美也在上班，兩人合起來的家庭月收入約有 70,000 元，夫妻倆最近因為開始考慮生孩子的事情，所以想轉租為買，不久前透過仲介看上了一間開價 600 萬元的中古屋，除需準備 120 萬元的自備款，夫妻倆估算後發現還須跟銀行貸款 480 萬元，阿明擔心自己的薪資不夠高，銀行會不肯貸款給他，請問阿明有資格申請房貸嗎？

　　購屋壓力高，讓許多年輕人大嘆買不起房，根據行政院主計總處的人力運用調查報告指出，2016 年全台有 890.6 萬名受雇者，每月平均收入約 37,094 元。而金融聯徵中心房貸統計資料顯示，去年貸款買房的人，有 4 成年收入未滿 60 萬元，近 3 成落在 60 ～ 100 萬元間，也就是說，有高達 7 成買房的人，年收入都在百萬元以下（參見表 1-8）。

　　年收入 60 萬元，等於月薪 50,000 元，這樣的薪資水準在中南部購屋其實不難，以總價 600 萬元房子來算，自備 120 萬元，20 年期，本利攤還，每月房貸約一半薪水、24,000 元。如採 30 年期，每月攤還約 17,000 元。北部以總價 800 萬元房子來算，每月要還 32,000 元，約 65% 的薪水。5 萬

表 1-8 購屋貸款人年收入分布

年別	未滿 60 萬元	60-100 萬元	100-200 萬元	200 萬元 以上
2009	50%	27%	16%	7%
2010	49%	28%	17%	7%
2011	46%	29%	17%	8%
2012	42%	30%	19%	8%
2013	41%	30%	21%	9%
2014	39%	30%	21%	9%
2015	39%	30%	22%	9%
2016	40%	30%	21%	9%

備註：採小數點第一位 4 捨 5 入，占比總和可能不等於 100%
資料來源：金融聯徵中心、屋比趨勢研究中心

元薪水在北部買房相對困難得多，買 1,000 萬的小房子，自備款 200 萬，每個月房貸約付 40,000 元，將近薪水的 8 成，銀行可能不會核貸；但是如果貸 800 萬元，貸款期限 30 年，月付 28,000 元，則銀行核貸的可能性就會大大提高了。

房屋價值＋信用條件，銀行核貸缺一不可

再回到阿明的案例，銀行計算可貸金額，第一看的是房屋價值，再來是借款人條件。銀行鑑價的房屋價值，一般會比市價低上 1 ～ 2 成，可貸金額則是銀行鑑價 7 ～ 8 成，假設成交價 600 萬元，房貸最高可貸約鑑價 7 ～ 8

成，也就是 420 ～ 480 萬，最高可貸 480 萬元。除了估算房屋價值，銀行還要以借款人收入及負債去算出「可貸金額」，若用月收入 6 ～ 7 成可負擔房貸來計算，簡單説月收入 36,000 元，每月房貸 22,000 ～ 25,000 元是可負擔範圍，反推可貸金額即是 435 ～ 494 萬元左右。阿明已有自備款 120 萬元，因此他要申請房貸 480 萬元，應該不是太大的問題。但前提是必須阿明要有良好的信用條件，例如有固定收入的正當工作、沒有卡債及信用卡不曾遲繳等紀錄。

「收入－生活費－儲蓄」＝每月可負擔房貸

雖然買房貸款不難，還是得兼顧生活品質，建議「房貸最好別超過月收入的 4 成～ 5 成，但若想在雙北買間房，根據內政部公布的貸款負擔率，房貸一般約占到家庭收入的 5 ～ 6 成。 因此控制房貸最好的方式就是，精準抓出每個月的收支狀況，最好先透過每天記帳算出每月的平均支出。

每月可負擔房貸的計算公式＝「總收入 － 生活費 － 固定儲蓄額度」，也就是説，每月應保留薪水的部分比例作為儲蓄之用，以因應萬一收入中斷，仍可支付房貸的風險，剩下的金額才是家庭可負擔的每月房貸支出上限。例如把貸款年限從 20 年延長為 30 年，每月還款壓力就減少 12,000 元。

不過，貸款年限拉長會增加借款人的利息負擔，建議民眾有能力時盡量提前還款，才不會多付很多貸款利息。或是跟銀行爭取寬限期，也就是購屋的前 3 年只付利息不還本金，先減緩房貸壓力，等 3 年後收入提升，再支應本息攤還的房貸，會比較遊刃有餘。

🏠 從房貸計算公式推算，我能負擔的房價

步驟 1：從家庭或個人月收入，估算每月可負擔房貸金額

銀行假設購屋族每月最大還款能力為月薪的 1／3，假設個人月收入 6 萬元，房貸支出占月薪 35％，每月需負擔房貸 21,000 元。

步驟 2：從每月房貸金額試算可貸金額

假設貸款 20 年期，利率為 1.7%，每月平均攤還 21,000 元，則貸款金額為 427 萬元（各大銀行及其網站多有房貸試算表）。

步驟 3：以房貸成數推算可負擔房屋總價

房貸約房價的 70%-80%，假設房貸成數為 80%，可負擔的房屋總價為 427 萬 ÷0.8=533.75 萬元，約等於 534 萬元。

步驟 4：算出自備款

自備款一般為房價的 20%= 534 萬 × 0.2 =106.8 萬元。

倩宜姊姊的買屋小叮嚀

Q：想買的房子房貸超過能力所及，怎麼辦？

A：

1. 想降低每月的房貸支出，可與銀行爭取調整貸款年限、利率、寬限期及成數。

2. 不妨與其他銀行詢問，是否有業者願意提供更優惠的房貸利率，也有助於降低每月的還款負擔。

3. 可向房仲打聽，是否有合作的銀行業者，為自己爭取更多優惠的貸款條件。

因透過房仲業者購屋，由於其交易量大且案源穩定，加上大型房仲業者在產權審查及屋況調查的嚴謹程度、甚至優於銀行，相對降低銀行授信風險，有些銀行會願意提供較佳的利率及較高的貸款額度。

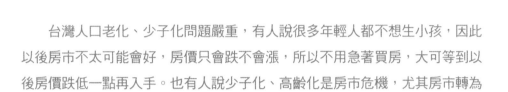

〔陰影 10〕供給 VS. 需求

萬一未來房市供過於求，現在買房要幹嘛？

　　台灣人口老化、少子化問題嚴重，有人說很多年輕人都不想生小孩，因此以後房市不太可能會好，房價只會跌不會漲，所以不用急著買房，大可等到以後房價跌低一點再入手。也有人說少子化、高齡化是房市危機，尤其房市轉為自住市場，這兩大問題會讓國內房市沒有最壞，只有更壞。但事實真的是這樣嗎？

　　台灣整體房屋總量龐大，自有住宅比例高達 8 成，甚至一些有錢父母還買了好幾戶房子，作為子女未來成家之用。且少子化隱憂，出生人口逐年遞減，長期購屋需求降低，讓許多人看壞房市。

　　而近幾年房地產最熱門的話題之一，莫過於「少子化將導致房屋需求減少，房價未來將會大跌？」。據中研院統計，2013 年台灣婦女生育率僅1.06％，等於每 2 個成年人僅有 1 個小孩。2016 年新生兒人數 208,440 人比起前 1 年 213,598 人大減 5,158 人。一般而言，人口是房地產市場最重要的支撐力量，當一個社會年輕人口越多，表示成家購屋需求越大，房市交易也較為活絡。因此依據人口移入數，就可觀察此區機能發展狀況。

少子化日益嚴重，家庭戶數卻逆勢成長

然而有個現象卻十分吊詭，那就是近年人口成長率雖逐年下滑，但家戶數均呈現正成長，從 2001 年到 2017 年，台灣人口數從 2240 萬人，緩步上升為 2,357 萬人，但同時期家戶數卻從 680 萬戶，暴增到 808 萬 7,928 戶，人口成長緩慢，但台灣的家戶數卻持續上揚，主因是現今社會多由 1 ～ 2 人組成的小家庭比例越來越高，從 2007 年台灣每戶 3.06 人，2017 年已下滑到每戶 2.7 人。家庭戶數的成長意謂著房屋的潛在需求，顯示儘管少子化的問題影響到每戶人口數，但對於房子的需求量卻不減反增。

全台灣老屋充斥，大多數使用年限將屆

此外，若從另一項數據也發現，未來 10 年恐因有效房屋供應量的增加緩慢，很可能造成房屋供給不足的狀況。原因是台灣早期興建的老房子，施工品質較差，堪用年限不長，很多屋齡動輒 5、60 年，已經接近使用年限，萬一遇到規模較大的地震，後果堪慮。內政部 2017 年 6 月曾做過統計，全台 40 年以上的屋齡約 179 萬戶，佔全台房宅比率 21％，不到 10 年這些房子屋齡就逾 50 年了，除了容易發生龜裂、漏水問題，隔音、防火及耐震性也普遍不佳，再加上原屋主年齡漸長，將面臨爬不動樓梯的問題，保守估計至少有 7 成約 125 萬戶，需面臨換屋問題。且垂垂老矣的房子，在房屋市場也難受到年輕世代的青睞，形同龐大的無效供給。

社會結構快速轉變，少子化≠房價跌

因此儘管台灣人口危機確實很嚴重，但少子化跟房價並沒有絕對的關連

性，而是要看整體社會結構的轉變。在少子化的趨勢下，每個小孩都是父母的心頭肉，父母幫子女買房的意願不僅更高，都會區充斥著屋齡老舊的老宅，未來隨著老齡化社會的快速到來，也會衍生大批的老宅改建及更新需求、再者銀髮族會有大換小、3房換小宅、公寓換電梯或是二代宅等需求。少子化趨勢不見得就會導致未來房市空屋量大，與其苦苦等房價下跌，倒不如築夢踏實，及早為自己找一個遮風避雨的溫暖窩！

再者，現代人追求獨立自主，父母擔心三代同堂相處不易，與成年子女同住的比例愈來愈少，不婚、單身族也渴望自行成家，離婚率節節攀升，也衍生重組家庭的換屋契機，這些商機都逐漸浮現，市場上2房小宅產品賣得嚇嚇叫，有爺爺奶奶買給孫子孫女，銀髮族退休換屋電梯新兩房，比比皆是，再加上每年首購族投入的供給量，在在皆讓房市維持成長的需求動能。

 倩宜姊姊的買屋小叮嚀

Q：消失的人口紅利，購屋需求從何來？

A：

1. 因為小孩生得少，爸媽更願意也更有能力買房子送給小孩或是幫忙出錢買房子，減輕子女的購屋負擔。

2. 運用每年贈與稅220萬的免稅額贈與子女，達到節稅及資產配置的目的。

3. 老人變多，家庭人口減少，子女紛紛離家自立，不再需要大的居住面積，也提升銀髮族大換小，舊換新的換屋動機。

買屋懶人包

現代人購屋的 10 大 NG 心態

NG 1	第一次買房就想一次到位，直接看精華地段全新三房兩廳加車位的房子，而被房價嚇到不敢買。
NG 2	迷信豐富的公共設施，喜歡有游泳池、KTV 或健身房的社區，卻不知背後的代價是得付出高額管理費，平常使用率也不高。
NG 3	只知道要買房，問他想買哪裡，通常會回答雙北都可以，沒有自己想鎖定的買房區域及類型，讓服務他的仲介疲於奔命，卻又徒勞無功。
NG 4	每次看房都只看缺點，當著屋主的面，把別人的房子嫌得一無是處，惹毛屋主一點都不想賣給他。
NG 5	每次都去看超過自己預算甚多的房子，不僅容易失去買房信心，也可能變得眼高手低，不願意屈就符合自己預算的空間及房型。
NG 6	容易被裝潢美輪美奐的房子吸引而衝動下訂，這些不少是投資客低價購入再裝潢過的房子，有些瑕疵的屋況可能被掩蓋起來。
NG 7	聽人家說買這棟會增值賺錢，沒有衡量自己財務狀況及實際居住需求，就跟著下訂，容易成為房市最後一隻白老鼠。
NG 8	簽訂任何契約及合約書之前，一定要考慮清楚，並詳閱所有條文，最好請懂法律的親朋好友代為看過，才能簽名。
NG 9	沒有精算自己的財務負擔及自備款，就衝動下訂，導致日後房貸或工程款付不出來，只好賠錢賣屋或淪為法拍。
NG 10	被報章雜誌報導的高房價嚇到，也不去實地了解房屋行情現況，就抱定自己一定買不起房子的想法。

CH2

找屋篇

第一次總是困難的，何況是必須帶著大筆資金做決定的人生大事……。購屋其實並不困難，只要心態正確，用對方法按部就班地執行即可。

您不相信？那就繼續往下看吧……

〔忠告 1〕**找屋似相親**

房子也有理想型，
請從熟悉的商圈開始找起……

　　有人說，看屋就好像相親找對象一樣，除了靠媒人婆、親友或婚姻介紹所撮合及互相看對眼之外，應該多看多比較，才不會吃虧。事實上，看屋找房確實得如此，至少要多看幾間房子，較不容易買貴了，或買到不理想的房子。但這句話套用在小賴身上，卻恰恰相反……。

　　為了找到理想的房子，小賴尋尋覓覓，跑遍大台北各地，只要有人介紹，新屋去看，中古屋也看，前前後後看了將近上百間房子。照理講，小賴對於找屋、看屋應頗有心得，無奈個性較沒主見的他，反而因為看了太多選擇，更下不了決定，即使好不容易遇到喜歡的物件，也因遲疑許久沒辦法做決定，而被別人搶先一步，屢屢錯過時機，讓他扼腕不已。

　　買房其實跟相親找伴侶一樣，光憑親友或房仲的說法，很難發現對象（房子）真實的狀況及問題，一定要相處之後才能夠深入了解對方。尤其房子並非屬於標準化商品，即使是同一棟社區，不同樓層及座向，景觀就不同；尤其是中古屋，屋況差異更大，因此多看、多比較是有必要的。但真的不建議像小賴這樣亂槍打鳥，毫無方向地盲目看屋，他應該要先考量，自己買屋的最主要原因到底是什麼。是要準備結婚？方便上班通勤？照料家人？投資置

產？畢竟買房的動機不同，適合購屋的地點也不盡相同。

找房子就像找對象，除了找條件好的，更要挑選最適合自己的。大家都知道，房地產最重要的要件就是「location」、「location」及「location」，因此房地產中的高富帥、白富美，就是指在好地段的房子，但條件好、地段佳的房子，通常都價格不斐，不過若想入住好宅，價格又能負擔，還是有些購屋竅門可掌握。

🏠 看屋首選自己最熟悉的區段或商圈

如果完全沒有概念，對於買屋地點也無具體想法，則建議不妨從自己熟悉的商圈找起，所謂「知己知彼，百戰不殆」，每個人對於就學時曾居住過的地方、老家或公司附近，都會有一定程度的了解。既然是熟悉的商圈，舉凡居住環境品質之良窳、交通及生活機能都相對清楚，也減少了入住後適應上的問題，且對當地房價行情也會較有概念，是建議優先看屋的地點。

決定了想要購屋的區段之後，距離覓得理想住家的目標更近了，不過仍有許多眉眉角角要注意：

🏠 總價看房貸

為避免每個月房貸太過沈重，影響生活品質，建議每月貸款支出以不超過月薪 4 成為佳，最高也不要超過月薪 5 成，再回推可負擔房價，並依照預算來考慮空間需求及區域來看屋。

徒步看環境

看屋要先從周邊大環境一併看起，觀察週邊有無便捷的交通設施，如捷運、公車及火車站等，有無學校、市場、公園、小吃店、嫌惡設施等，再看小環境，例如巷道寬度、停車、大樓或社區管理、鄰居素質等，最後再看房屋本身，如坪數、公設、格局、採光、通風及屋況等。俗語說得好，千金難買好鄰居，買屋更要買鄰，除了周邊大環境避免有嫌惡措施，鄰居素質也是觀察重點，看屋時要注意鄰居是否有占用樓梯間及公共走道置放個人物品等行為，了解是否有惡鄰居，以及社區管委會的功能是否健全，看屋時不妨多留意社區大樓的布告欄，了解住戶繳交管理費狀況，和管委員會對於住戶的約束力，社區管理運作順暢，住的品質才有保障。

區段看需求

此外，交通便利的捷運宅向來是大多數購屋族最想要的「理想型」，但你可能不知道捷運宅並非房價都高不可攀，有時候沿著捷運線多坐一站，房價每坪就少 5 ～ 10 萬，不妨多坐幾站或乾脆到末端站找屋，甚至有機會省下 1 ～ 2 成的房價，即可輕鬆入住捷運宅。生活機能也是找屋的關鍵因素之一，不過通常商業機能發達，也意味著具有環境較吵雜、人潮擁擠等缺點，這時就建議居家選擇離熱鬧商圈周邊 500 公尺，走路可到的區域，既享有便利的生活機能，還能確保生活品質。

而附設健身房的社區大樓也是許多民眾購屋時的最愛，但公設比往往 30% 起跳，還須額外負擔昂貴的管理費，由於雙北已陸續設置了不少收費相對低廉的運動中心，選擇運動中心周邊的社區或物件，也是降低購屋預算的好方法。

白天看光線

　　大多數房仲喜歡約在天氣好的白天看屋，因為通常這時候屋況最好，光線好又通風，室內外乾爽，屋況較容易看得一清二楚。但如果連在晴朗的白天看屋，滿屋子都陰陰暗暗，不能讓你滿意，屋況通常也不會太好。若不喜歡西曬的人，則可選擇在下午看屋，了解房屋是否有西曬問題。

晚上聽噪音

　　白天賞屋光線好，看得一清二楚，如果真的喜歡該物件，則建議晚上再去多看幾次，尤其對於較不熟悉的商圈，曾經有人白天看了幾次屋，感覺沒什麼太大問題，等到晚上複看時，才發現附近有夜市，攤販亂丟垃圾加上排隊人龍，外加喧嘩噪音，趕緊打消購屋念頭。或者物件鄰近大馬路，白天車水馬龍噪音多，聽起來不覺得吵，晚上夜深人靜時，車聲、喇叭聲格外吵雜，雖然有對外窗，但根本沒辦法開窗。此外，晚上看屋可看社區點燈率，從其住戶進駐率，可了解該社區或大樓是否屬於搶手物件。

雨天看漏水

　　漏水及壁癌是買賣房屋常見的糾紛，尤其是屋齡超過 20、30 年的中古屋，免不了會發生這些惱人的問題。想要避開漏水屋，應該選在雨天看屋，甚至在颱風天之後，要特別去看屋況，每個內牆有無滲漏水問題，陽台排水是否正常等。尤其天花板及對外的內牆曾經重新粉刷裝修過的，更要特別注意，想辦法從維修孔或嵌燈觀察，是否有滲漏水或發生過壁癌的痕跡，若沒有信心自己能夠修復或作為買屋的議價條件，建議就不要考慮這類物件，以免自尋煩惱。

倩宜姊姊的找屋小叮嚀

Q：理想型好宅條件面面觀？

A：根據營建署住宅需求動向調查，好宅有四大面向，建議購屋族可依照自己的主要及次要需求作優先排序選擇。

1. 交通便利的捷運宅

2. 攸關子女教育的學區宅

3. 運動中心宅

4. 生活機能宅

此外，也有人信奉「娘家、婆家就要靠近我家」的找屋標準，這時選房的優先順序就是娘家＝婆家＞熟悉商圈＞工作地點＞小孩學校。購屋族可以依照個人需求，任意做優先順序的排列組合。不過，再怎麼選擇，交通條件千萬不可忽略，買房最好要挑在交通便利的地方，例如捷運站、公車站、火車站、快速道路或高速公路交流道附近，不管到哪邊都方便順利。

〔忠告 2〕**預售屋 or 中古屋？**

招喚親友充當智囊團，購屋快狠準！

　　大明即將結婚，想買屋展開新婚生活，大明的爸媽建議他先買中古屋，這樣購屋負擔才不會太大，但大明夫妻卻只想看新房子，覺得新房子住起來才舒服，問題也比較少，兩代之間對於購買什麼種類的房型，觀念也差很大，上述種種難題，讓大明很是為難。

　　一般依照房子新舊程度可區分為預售屋、新成屋和中古屋。其實不管是買中古屋還是預售屋都各有利弊，付款方式、議價情況及風險承受也各不相同，購買前都應該三思而後行。

　　老實說，預售屋及中古屋各有優缺點，如何選擇端看個人需求。一般來說，年輕人大多喜歡屋齡新的房子，預售屋就很適合。不過，預售屋因公設較高、單價較貴且採分期式付款，較適合不想馬上揹房貸、支付利息，工作穩定、薪水還不錯，且想透過買房，強迫自己儲蓄的購屋族，缺點是因單價高，居住空間多半也不會太大。

　　也有人偏好中古屋，因中古屋公設比低，坪數實在，同樣的房價，使用空間較大，CP 值較高，即使屋況稍舊也沒關係，只要把屋況整理好，住起

來也很舒服，這樣中古屋就較適合。但買中古屋要留意屋齡多寡及管理是否良好。若屋齡逾 15 年以上，建議入住前最好把所有水電瓦斯管線全數換新比較安全，需要額外增列一筆裝修費用。若屋齡已屆 30 年，則要特別留意外牆防水問題，由於混凝土使用年限約 50 ～ 60 年，若外牆防水做得好，使用年限可以再延長幾十年沒問題，若防水沒做好，不僅房子使用年限變短，建物結構、壁癌及漏水問題也會接踵而至，這時買屋就帶來大麻煩了

若預售屋與中古屋都不喜歡，還有一種結合兩者優點的類型，那就是新成屋，不僅屋齡新，且看得到屋況，不用擔心搬進去後和想像有落差。全新落成的房子和預售期間沒賣完的房子都算是「新成屋」，屋況較佳，房價較高，較少購屋糾紛，但因沒人住過，房子也尚未經過風吹雨打的考驗，所以無法判斷真實的品質，也無從得知鄰居素質，好處是可以眼見為憑，且大多買現成家具即可入住，可省掉繁雜的裝修等待時間，適合怕麻煩且預算充足的購屋族。

預售屋

預售屋是指房屋還沒動工，建商就先行銷售的建案。優點是付款輕鬆，只要先付房價 10 ～ 20% 作為訂金、簽約金，就可一圓購屋美夢，而且在完工前，也可針對室內格局及建材做客變，亦即換成自己想要的格局與建材，未來可省下一小筆重新裝潢的費用。缺點是看不到也摸不著，看不到未來房子的實際屋況，包括隔局及採光都無法得知，風險則是萬一遇到不肖建商，房子蓋一半就落跑或倒閉，可能血本無歸，且預售屋房價通常較中古屋高，房屋興建期間除了工程期間的付款壓力，還有原本租屋的成本，都要一併考量。

如果並不急著入住，預售屋可分期繳納工程款，對於手頭暫無大筆現金的民眾而言，是不錯的置產標的，但一定要做足功課才下手，避免原本想買景觀屋，交屋後卻發現被對面大樓遮蔽住景觀，且樓層、座向不同，景觀也不盡相同。再加上目前大部分新的大樓社區公設多為增建或二次施工，是否屬於合法，會不會被拆除或是乾脆消失，都要仔細觀察，建議最好找信譽良好的建商蓋的房子，較有保障。

🏠 新成屋

相較於預售屋無法馬上看到屋況，新成屋不僅具有眼見為憑的優點，房子的隔局、採光甚至通風等，都可以一目了然，由於是全新的房子，管線都是全新的，較無安全顧慮，也因屋況良好不用大肆重新裝潢，即可入住，房子住一段時間若發現漏水、裂縫等問題，保固期內還可找建商處理。缺點就是新成屋的價格比中古屋貴很多，議價空間也不大，較適合預算充足的購屋族。

🏠 中古屋

中古屋同樣可立即看見內外屋況，了解其格局、採光及通風，若是買老公寓，因公設少，多半室內使用空間較大，坪數很實在，且因屋齡較大，通常議價空間較同區新成屋及預售屋來得大，房價也較低。不過，每間中古屋狀況差異頗大，萬一買到內部漏水或壁癌的中古屋，可能會煩惱多多，建議若買屋齡超過 10 年的中古屋，最好要把水、電及瓦斯管線全面更新，若不喜歡原本屋主的裝潢格局，想要全部打掉重練，更得花費一筆不小的裝修費用，因此想買中古屋的民眾一定要多看多比較，若購屋總價加上裝潢成本跟

新成屋不相上下，倒不如買新成屋更划算。

其次，中古屋最怕買到投資客經手且裝潢的房子，他們常用漂亮但廉價的裝潢掩飾房子的重大瑕疵，如壁癌、漏水等，等住進去半年、一年之後，問題逐一浮現才欲哭無淚，若牽涉到管線重拉、重做防水施工，裝修費用也頗傷荷包。

買屋宜廣納專業建議，切勿匆促簽約作決定

總而言之，預售屋、新成屋、中古屋都各有其優、缺點，因此買房子之前，應該衡量自己的經濟負擔能力。如果有急迫入住需求，當然優先考慮新成屋及中古屋；如果購屋資金需要較長時間籌措，但又希望買新房子，則購買預售屋是不二選擇。最好預售屋、新屋、中古屋都去看過一輪，並且請有買屋相關經驗的朋友陪同看屋，通常第三者的立場會較公正、客觀，也較能客觀評斷房子的優缺點，幫忙給建議，切莫自己隨便就當場簽約作決定，一定要多方比較各個優缺點之後，了解各物件的房價、優缺點及屋況條件，再針對自己的預算與經濟能力精算一下，到底買新成屋或預售屋加上裝潢費用，以及中古屋加上重新裝潢費用，哪種較為划算，或許更能找到最符合自己需求的理想房屋（參見表 2-1）。

表 2-1 預售屋、新成屋、中古屋優缺點比較

	價格	付款方式	優點	缺點
預售屋	低於完工時的市價	初期只需付訂金、簽約、開工款（約占房價的 10 ～ 20%），後續工程款約 15 ～ 20%，後期再跟銀行貸款約 70% ～ 90%	・只需要少少的自備款即可購屋 ・建商讓利空間大 ・格局可調整 ・不用馬上拿出全部頭期款 ・樓層、戶別選擇多	・若買到投資型建案，恐沒有鄰居同住 ・格局、景觀未明，需做較多功課 ・不能現住 ・有裝潢施工期拉長的風險 ・需承擔建商落跑，房子蓋不完的風險
新成屋	市價	自備款約 30%，銀行貸款約占 70%	・格局、景觀等屋況清楚，建商多有保固 ・建材、公設可清楚檢視 ・可以現住 ・樓層、戶別選擇多	・格局已固定，如變更還要再花錢 ・房價較貴，較難殺價
中古屋	低於市價	需準備較多的自備款，約 20 ～ 30%，銀行貸款占 70 ～ 80%	・房價較便宜 ・格局、景觀等屋況清楚 ・可以現住	・屋況較難掌握，住幾年後，問題將一一浮現；房屋有整修的風險 ・戶別選擇少

資料來源：蘋果日報

〔忠告3〕**買房不變的鐵律：區位**

重劃區房子大又新，山高水遠有關係，好鄰惡鄰差很大。

　　自己創業的大雄最近生意欠佳，想把房子抵押借款以便做資金周轉。沒想到房市冷，大雄的心更冷，因為銀行業者給的答覆讓他很傻眼，銀行評估他那間位於某新興重劃區的房子價值不高，甚至不願意貸款給他。

　　後來，大雄連著跑了好幾家銀行詢問，結果少數幾家願意貸款給他的銀行，給的利率也不甚理想，讓大雄不禁大嘆「為什麼我的房子不值錢？」

　　近幾年房市趨冷，讓銀行業者承作房貸時更趨嚴謹，其中有幾大類被視為房市冷門屋，不僅貸款成數被壓得較低，有些銀行甚至拒貸，萬一買到這類冷門屋，不僅借不到錢，以後轉手也相對困難，該怎麼避開這些難貸的冷門屋呢？除了問問你的銀行及房仲朋友，還有一些撇步不可不知。

重劃區，多年媳婦真能熬成婆？

　　「重劃區」是近幾年新興的住宅型態，有街廓整齊、屋子新又大、房價較低且具增值潛力等優點，堪稱房市新寵。不過，故事中的大雄並非特例。重劃區的生活機能、交通發展、推案情形等，皆會影響房價的好壞，有潛力

的重劃區帶你登上資產增值的天堂，買錯區段不小心就會住進套房。前幾年因投資客多，有些重劃區在某些房產業者的大力炒作下，房價被拉抬得過高，要注意避免買到被墊高好幾手的房價，淪為最後一隻進場的白老鼠。

房地產業者最喜歡拿信義計畫區作比喻，告訴消費者若眼光夠精準，以後房價可能狂飆好幾倍，但事實真是如此嗎？北中南主要都會區不乏新興重劃區，不僅建設題材多，且因建商取得土地便宜，建案一般規劃坪數較大，且屋齡又新，很容易成為投資客密度最高的區域。若經過投資客轉了好幾手後，房價可能就被墊高好幾成，讓最後接手的自住客成為最後進場的白老鼠。

超商、星巴克來了，重劃區發展指標

想知道該重劃區入住率高不高，還是投資客居多，建議可在晚上前往觀察點燈率，亮燈的戶數多，代表自住比例高。反之，若是重劃區亮燈戶數稀少，宛如空城，就表示投資客占比較高。另外可以參考的指標就是超商、星巴克、麥當勞及量販店等大型賣場是否已入駐，若看到這些知名連鎖店都已進駐開店，代表連鎖業者也相當看好該區發展潛力，就可以放心入住了。

擔心利多跳票，晚點進場更安心

買房子最怕買在「鳥不生蛋」的地方，近幾年台灣各地出現不少重劃區，像是林口、三峽及淡水等，在交通建設、商業設施、學校及公園綠地陸續成形後，生活機能完備，房價節節上揚，成為炙手可熱的居住環境。不過也有些重劃區，居民除了要忍受施工、交通壅塞及生活不便等問題，還可能面臨重大建設等利多「跳票」的窘境，因重劃區開發與政府政策息息相關，一定

要定期查詢政府機關的公告資料，如捷運局、都發局等政府機關提供的開發計畫，避免買錯重劃區。或者等到重大建設確定動工，或環評通過再進場也不遲，晚點進場的好處，可以確認捷運站等交通設施的確切位置，有助於挑到更優質的購屋地點。

不過每個重劃區在熬成婆之前，一般會先經歷一段交通黑暗的建設期，時間可能長達十幾二十年。以大台北地區房價相對親民的淡海新市鎮來說，跌跌撞撞了 20 幾年，才有目前的規模，一旦輕軌捷運尚未完工，交通黑暗期就還沒結束。

再看台北市信義計畫區，居民同樣花了 20 幾年忍受施工、交通壅塞等種種生活不便，更不用說還屢傳某重劃區建設停擺、暫緩開發的政策跳票的消息。想提前卡位重劃區的購屋族，除了要睜大眼看仔細，還得看運氣。另外也常見建案廣告打出「開車 20 分鐘，直達市中心」，或接待中心位於重劃區，建案卻在重劃區邊緣等廣告不實的行銷手法，也要小心查證是否屬實，避免誤觸地雷屋。（參看表 2-2）

🏠 山高水遠，銀行通常敬而遠之

其次較不被青睞的則是地處偏僻、山高水遠的房子。通常這類房子，因市場流通性差，例如海邊、中南部一些鄉鎮地區的房子，大部分銀行都不接受申貸。其次是冷門產品，即使在景氣好的時候，一些屬性較特殊的產品，因放貸風險高，故較不受銀行歡迎，如套房、夾層屋、山坡地住宅、地下室等，都被視為冷門的燙手山芋。其他如輻射屋、海砂屋、凶宅等具重大瑕疵的房子，因容易引發買賣糾紛，銀行為規避風險，大多也敬謝不敏。還有地

處容易淹水區、土石流潛勢區、地震斷層帶的房子，隨著風險意識抬頭，也成為銀行拒往標的。

惡鄰附身，讓你有家歸不得

除了大環境的因素之外，小環境不良的住宅，也讓銀行業者怕怕。俗話說「遠親不如近鄰」，小從巷弄亂停車、寵物愛亂吠、回收垃圾堆成山、沒

表 2-2　重劃區購屋各類型物件比一比

項目	預售屋	新成屋	新古屋	中古屋
屋齡	0 年	約 1～3 年	約 3～5 年	屋齡約 5 年以上
房價	·剛推案時，價格最低 ·發展成熟後，素地再推建案價格會上漲	·推案量大的區域，價格容易停滯 ·投資客大量釋出區域，議價空間大	·供需穩定下，餘屋價格上揚 ·餘屋量過多，價格容易下跌	·重劃區若發展完善，長期來看具增值性 ·若發展不佳，量多賣壓重，易跌價
優點	·掌握房價起漲 ·可選擇採用新式建築建材的物件 ·自備款可分期	·直接入住新居 ·社區規劃品質、格局及室外景觀一目了然	可先了解住戶對社區軟硬體設備的口碑，再判斷是否要購屋	入住即可享受重劃區的環境機能
缺點	無法掌握住宅品優劣的風險	可能受附近工地施工聲干擾	新古屋的保留戶、餘屋可能閒置多年	社區設施折舊、室內可能必須重新裝修

資料來源：好房網

事愛打牌、吸毒或開轟趴等，經常有惡鄰鬧上新聞版面的社區，不僅入住之後，容易讓人生無可戀，一天到晚就想搬走，通常住戶入住率也不高，房價當然不會太理想！而周邊有嫌惡設施的房子，例如焚化爐、高壓電塔、廟宇、福地、加油站、葬儀社、瓦斯行和特種行業等，也屬於不受銀行估價歡迎的嫌惡鄰居，有些銀行即使願意申貸，申貸的成數通常也不會太好。

實地勘察多打聽，小心駛得萬年船

　　購屋族想要避免買到「難貸屋」或「貸不到屋」，實地勘查是不二法門，不管是白天、夜晚，最好請不辭勞苦，實地多走幾趟多打聽，了解周遭環境實際狀況。尤其這些冷門屋所在的區域，大多短期內也不易改變現況，環境品質不佳且未來轉手賣屋也有困難。畢竟買屋就像選人生的另一半，選得好幸福一輩子，選得不好也要容易斷尾逃生，怎能不格外留意小心呢！

倩宜姊姊的找屋小叮嚀

Q：重劃區的房子可以買嗎？該注意哪些問題？

A：

1. 選擇鄰近舊市區的重劃區：在重劃區商圈機能成型前，鄰近舊市區的重劃區相對較為安全，類似台北市南港區、內湖區四～五期、新北市三重重陽重劃區等，大多可以馬上入住，商圈發展迅速，生活機能完備。

2. 避免被新大樓遮蔽了視野：請留意因重劃區仍在開發階段，即使看上的樓層及區位沒有被建物擋到、視野絕佳，很可能之後因鄰近基地蓋了新社區或更高的樓層，進而遮蔽了原有的美景，先買入住反而吃虧。這時最好配合查閱都市計畫圖，臨路第 1 排的房子是絕佳區位，被遮蔽景觀的機會較低，或乾脆選擇鄰近公園或學校的永久景觀比較保險。

3. 避免社區棟距過小：住宅棟距若過小，常有隱私權、油煙及噪音問題等，嚴重影響生活品質，這也是重劃區常見令人詬病之處。

買屋
懶人包

10 種地雷屋 vs.10 大高 CP 值好屋

10 種地雷屋	10 大高 CP 值好屋
傳統上認為風水不佳，例如路衝、壁刀煞或無尾巷等。	房間都有對外窗，格局方正、採光佳、通風好的邊間房，白天不必開燈，空間使用可極大化。
曾發生過非自然身故案件。	附有寬敞的陽台或露台，可增加使用空間，曬衣、種花沒煩惱。
鄰近菜市場、加油站、殯儀館或宮廟等嫌惡設施。	鄰近漂亮公園、綠地或湖泊，享有景觀優勢，居住心情好，轉手相對容易。
有愛堆雜物，噪音擾人或斤斤計較的恐怖惡鄰。	住家面對永久空地，不用擔心前面起造高樓，遮擋了既有景觀及日照。
格局不方正或狹長型的房子，採光差，即使白天也要開燈。	周邊都是新大樓建案，街廓僅剩極少數 4 樓公寓，整合較容易，具都更效益。
鄰近缺乏整治的河川、湖泊，以致臭氣四溢。	鄰近公立運動中心、圖書館，省下公設的管理費用。
潮濕、陰暗，霉氣很重或有漏水、壁癌。	坪數實在、公設比低且有良好的社區管理。
交通不便，且生活機能欠佳。	耐震性佳、屋況良好，無須花大錢重新拉管線、大肆裝潢。
無良建商建造，耐震性、結構及防火性不佳或管線、建材經常出問題。	鄰近公車站、捷運站，且周邊沒有嫌惡設施，生活機能成熟。
管理不佳的社區	屋主急售，屋況尚佳，房價略低於市價。

〔忠告 4〕房型 VS. 貸款
哪種房子才是銀行眼中的好貨色？

　　阿明與阿佑是同事，兩人在一間科技公司擔任工程師，先後也買了房子，只是，阿明順利地向銀行申貸到還不錯的利率與成數，反倒銀行給阿佑的成數與利率都不甚理想，到最後還得拿出更多自備款才行……。

　　這個結果讓阿佑好疑惑，心想明明兩人收入及信用條件差不多，怎麼銀行給的條件會差這麼大？細細打聽之後才發現，原來阿明選擇買新北某重劃區新大樓的電梯 2 房，屋齡新且地段也不錯，反觀阿佑則因為不想背負太多貸款，最後選擇的是一間屋齡較老舊的樓中樓套房。

　　大家看出其中的差別了嗎？

　　原來銀行評估房貸利率與成數的關鍵，除了與個人的財務條件密不可分，更與設定抵押的房屋條件息息相關。而從聯徵中心統計資料，我們可以發現，屋齡愈新的房子，愈有機會申請到較好的核貸成數與利率條件，尤其房屋所在的地段，更是銀行評估不動產價值的關鍵之一。

　　據聯徵中心的房貸統計資料顯示，屋齡 9 年以內的房屋貸款利率平均不到 1.8%，其中又以屋齡 3 年以內的新房子，最能獲得銀行業者的青睞，平

均貸款利率僅 1.67%，屋齡超過 9 年以上的房屋貸款，平均貸款利率就超過 1.8%；若屋齡在 18 年以上的貸款水準，則普遍在 1.9% 以上，貸款成數也低於屋齡 9 年內的房子。相較於屋齡 18 年以上的老房子，貸款利率少了近 1 碼，顯示屋齡愈新，貸款條件愈好。不過，銀行也不是只看屋齡新舊，如果房子是位於尚未開發完成的地段，生活機能不夠成熟，就算屋齡再新，也不容易拿到高成數。反而是位於市中心精華地段的中古屋，只要個人財務與信用條件夠好，即使是 2、30 年的房子，也有機會申請到利率 1.7% 以內的房貸。此外，精華區的老公寓也是較容易貸到好的利率及成數，且目前只要是首購、自住型產品，利率都頗低哦！

掌握銀行核貸潛規則，貸款輕鬆又愉快

換言之，房子屋齡要新、地段要好，房間數要多，要不然就是個人信用要夠力，才是銀行眼中的好咖。不過，若撇開個人的信用條件不談，銀行核貸還有一些潛規則，例如大樓優於公寓、新屋優於老屋、市中心優於市郊、捷運站優於公車站、公設比低優於公設比高，標準 3 房優於套房，這些都是銀行考量給予貸款利率及成數的關鍵要素。

難轉手的問題屋，利率及成數不會太優

反過來說，安全及產權有疑慮的頂樓加蓋，地下室及公寓 4、5 樓，則是較難獲得銀行青睞的房子。台灣已邁入高齡化社會，沒有電梯的公寓高樓層，讓年長者感到行動不便，未來可能易跌難漲。此外，價格較低廉的地上權住宅，雖然僅市價 7 ～ 8 折，但由於沒有權狀，申請貸款時，先從銀行貸給建商、建商再貸給購屋族，一般而言都需要 3%以上的利率，且以後願意

接手者也較少，轉手較為困難，自然增值空間不高，較不受銀行喜愛。還有小套房與工業住宅，要辦理房貸也較困難，銀行認為其流通性及增值空間較低，核貸風險較高，自然不會樂於提供好的貸款利率及成數，買這類產品，若自備款不足，很可能會面臨成數不足的窘境。

此外，餘屋量大、空屋率高且點燈率低的區域，也要注意恐有核貸困難的問題，主要是因為這些區域易因重大建設延宕，加上房屋供給量過大，或者入住率欠佳，導致生活機能未臻成熟，銀行就會採取貸款成數縮減限制，貸款人就得面臨自備款需提高的風險。不過，對於購屋族來說，最主要的核貸關鍵還是自己的信用條件，若有心想申請條件不錯的房貸，千萬不要遲繳或積欠信用卡卡費，信貸、車貸及學貸也要按月準時攤還，保持工作及收入穩定，積極建立良好的信用條件與銀行的互動關係，等真正要購屋那一天時，就有足夠的籌碼跟銀行談條件。

一般首購族的貸款成數約房屋總價的 7～8 成，而名下已有 1 戶以上房屋的民眾，隨著央行 2016 年放寬房市管制，雙北市各區第 2 間房屋的貸款成數不再受限，但利率仍由各銀行自行核定。首購族或是信用良好客戶，第 1 間房屋貸款可談至 1.7%，若是名下第一屋房貸未清償，則第 2 間房屋貸款利率約在 2% 左右。這時建議可將第 2 間房屋改登記在配偶名下，夫妻間各擁有一屋，房貸分開計算，就可取得較低利率，但若登記在同一人名下，不妨提供現金存款、租屋契約（房租收入）等財力證明，也有機會向銀行爭取降低其中一屋的房貸利率。

 倩宜姊姊的找屋小叮嚀

Q：什麼樣的房子較好辦貸款？

A：銀行審核房貸款主要依據以下 3 點

1. 地點

2. 屋況

3. 貸款人的個人財力與信用評估

以預售屋而言，如果是建商配合的銀行，且貸款人信用良好，大部分都可貸到 8 成。若是新成屋或中古屋，只要坪數在 15 坪以上，產權清楚，地段不要太偏僻，基本上要貸到 8 成的貸款額度，也沒有太大問題。只不過，15 坪以下的小套房、價值 8,000 萬元以上的豪宅，因市場上流通性及轉手性不大，有些銀行會考量限縮貸款成數，大多只提供 6 ～ 7 成的貸款額度。

〔忠告 5〕**法拍屋**

法拍屋怎麼買？關鍵眉角報你知！

近期新北市林口一戶豪宅法拍案，經四拍之後，價格從屋主購入的 4,300 萬元，腰斬成 2 千多萬元。法拍屋看似可以撿便宜，但為何大多數人聽到法拍屋反而敬謝不敏，法拍屋可以買嗎？又該怎麼買呢？

對很多人來說，法拍屋是既陌生又感興趣的名詞，「被法拍的房子是不是都有問題？」、「買法拍屋是不是很麻煩，得常跑法院」等，也常見有名人因繳不出房貸，導致房子被法拍的消息登上新聞版面。由於法拍屋價格一般會低於市價 2 成以上，因而成為不少買家撿便宜的目標，但法拍屋不若一般房地產市場買賣透明，經常看不到內部屋況，要承擔的風險不少，法院相關文件用語也較複雜艱澀，想要找到房價便宜、問題又少的法拍屋，可得做足功課。

首先，要先搞懂何謂法拍屋。法拍屋會產生最常見情況是「欠錢」，尤其又以欠銀行錢為主。當個人或公司向銀行辦理房屋貸款時，銀行通常會要求兩種擔保：一種是「物保」，也就是房屋的抵押權，另一種則是「人保」，萬一拍賣房屋後的價金不足以償還銀行，銀行可以要求保證人幫債務人還

錢。若連續 3 個月以上，貸款人都繳不出貸款，銀行就可向法院拍賣抵押的房屋，來償還債務人積欠的貸款，這間法院所拍賣的房屋，就叫法拍屋。

至於法拍屋的申貸條件，凡年滿 20 歲以上的國民，信用良好無不良紀錄者、並有正當職業，能按期履約償還本息者，都可向銀行申請法拍屋貸款。不過，提醒剛入門法拍市場的民眾，可能會遇到很多意想不到的狀況，而且不見得容易解決，這就是法拍屋令人又愛又怕之處！

屋況好比瞎子摸象，判斷力很重要

通常被法拍的房子，開放內部給予看屋的機率極少，多半因住在裡面的屋主拒絕開門，只能吃閉門羹。法院雖提供法拍屋資訊，因法拍屋沒有物之瑕疵擔保請求權，因此法院不會公開物件的重大瑕疵及影響價格原因，也就是說，就算不幸遇到凶宅、海砂屋或垃圾屋，都只能概括承受。但真要了解屋況，倒也沒想像中困難，不妨實地多走幾趟，去跟管理員或鄰居打聽打聽，就可知道屋子內部大致的狀況。重點是投標之前，務必要依據投標公告的內容，親自到物件現場查明土地坐落、房屋構造及型式、層別或層數、面積或其他使用情形，並打聽清楚該屋含氯量是否過高、是否為輻射屋、有無嫌惡設施、有無管理問題、打聽是否發生兇殺或自殺致死之情形，一定得對該屋有相當的了解再下手，千萬不要沒買到便宜，還沾惹了一堆麻煩。

請神容易送神難，不點交法拍屋麻煩多

法拍屋分為點交和不點交兩種。理想的狀況是有點交的房子，法院保證交屋，查封時是空屋，或是債務人自住；較麻煩的是不點交的房子，法院不

做保證，通常房子裡若有合法居住的人或非法占用的人，這些都要由得標者自行處理。不過，這類不點交的法拍屋，因投標者較少，通常競爭對手也少，利潤相對較高，但缺點是風險較大，後續得花不少時間、精神甚至金錢去解決房屋各種問題，不建議一般民眾選擇不點交的法拍屋，以避免日後的產權糾紛。

此外，如果房子還是被別人高價標走，此時「海蟑螂」（註1）就會藉機占用，要求得標者付出高額搬遷費或處理費，少則數萬元，多則上百萬元。如果不願意付錢了事，那麼暴力恐嚇、拆牆鑽孔、馬桶灌水泥等破壞房子的事件就會層出不窮，讓得標人窮於應付，或擔心房子受到大肆破壞，屆時得花更多錢維修，不得不妥協付錢把人請走。為了避免遇到此類問題，民眾若要買不點交的房屋，最好尋找「法拍代標公司」代為購買，因為法拍代標公司會協助處理後續事宜，再將房屋完整的交給買方。

筆者建議投資人在投標前最好直接到現場，問問鄰居該屋狀況，甚至可以情商進入鄰居家看看屋內格局，觀察屋況，以降低風險。還有一種更麻煩的風險就是產權糾紛的問題，有些不點交法拍屋，就很難解決占用房屋的狀況。不少債務人，會故意找人在房子裡賴著不走，這時就得花錢消災，像是搬家費、車馬費，請占用人離開。

🏠 法拍眉角多，可找專家或代標公司幫忙

法拍屋在拍賣前，都會在法院事先公告，可參考以下網站（http://www.judicial.gov.tw/db/alx.asp），舉凡謄本、房屋資訊都相當完整。例如標的物使用分區、有無車位、有無租賃關係、是否有違建、加蓋或夾層，拍賣後有

無點交、買賣資格或條件。不過,有時候法院資料屬於專業用語,且資料不以坪數標示,而是以平方公尺(1 平方公尺 = 0.3025 坪),民眾要會自行換算(假設 100 平方公尺,就是 100×0.3025 =30.25 坪),生硬的法院筆錄內容也容易讓人「有看沒有懂」,一般民眾閱讀會較為吃力,建議可找專門負責法拍屋的機構,付費購買該建物的全文資料,才能清楚裡面記載的內容。例如:法院筆錄載明「本件拍賣標的○○建號建物因未辦理建築物所有權第一次登記,於拍定後無法逕持不動產權利移轉證書辦理所有權移轉登記」等字樣,就可能是類似頂樓增建未列入所有權的情況,這些問題都要多加留意。

🏠 自備兩成保證金,投標前請精算貸款成數

出價是法拍屋是否得標的關鍵,一般來說,法院網站的法拍物件資訊上會註明底價(經估價再由法官訂出)、第幾拍(例如 1,000 萬元、第一拍。二拍底價 8 折、三拍則是二拍價打 8 折,等於已經比市價至少打了 6.4 折。建議投標前,最好找物件周邊的房仲人員詢問打聽行情,再自行上網比對該區或該棟實價登錄的行情,再打個折扣,就會比較接近底價,千萬不要因投標的人很多,就任意抬高價錢,可能會買貴而得不償失。一般來說,在市場上找不到相同條件,買價又較低,才有買進的價值。

此外,投標法拍屋時,還需準備公告底價的 2 成作為保證金,得標後 7 天內必須繳清剩餘 8 成的餘款,千萬不要得標之後,才去接洽銀行,最好在鎖定投標的物件後,就先將該物件資料和欲申請貸款的相關文件送至銀行評估,詢問能貸款幾成,避免得標後,銀行提供貸款的幅度和預期不符,而出現資金不足的窘境。

這時還有個變通的方法，就是趕緊跟承作法拍代墊業務的銀行借貸，由於法拍代墊屬無擔保品貸款，具高風險，因此較一般房貸利率高，通常年息約 6%。不過也別太擔心高額的利息支出，只要在得標 7 天內到法院民事執行處，繳清拍賣金尾款，取得「不動產權利移轉證明書」，繳清稅金後，到地政事務所辦理所有權移轉登記，過戶取得不動產所有權，即可申請轉為一般房貸利率。

銀拍屋狀況較單純，但賣相通常較差

還有一種「銀拍屋」，是由銀行自行辦理拍賣，通常是拿去法院拍賣後，一拍、二拍、三拍都乏人問津，為了避免房子被賤價出售、增加債權銀行的虧損，銀行只好買回來自行處分，銀行就是拍賣房屋的所有權人，優點是若該物件有被佔用情形，銀行大多會自行吸收「搬家費」或積欠的水電費、大樓管理費等費用，因此沒有難點交和搬家費用的問題，是「保證點交」的物件，底價則由銀行參考不動產實際交易情形自訂，較有彈性，購買成本相對便宜，拍賣方式為公開競標喊價，如較有機會事前看屋，了解內部的屋況。缺點則是賣相通常較差，因此有些銀行為了促銷房屋，拍賣的底價會頗具吸引力，所以投標之前的準備功課就很重要，最好請教專業的房仲業者以確認實際行情。若不做功課，買到與市價差距不大的銀拍屋，甚至超出行情，不小心就會淪為冤大頭。

至於「金拍屋」則是由政府核可，委託台灣金融資產服務股份有限公司所執行房屋拍賣的作業，拍賣方式為投標日前彌封投標。民眾進場投標前同樣要做好訪價與比價的動作，目前平均拍次都要拍賣多次才能成交，有興趣的購屋人不妨等每次投標時，詢問清楚再投標單（參看表 2-3）。

表 2-3　法拍屋、金拍屋、銀拍屋比一比

種類	法拍屋	金拍屋	銀拍屋
定義	債權人向法院申請拍賣債務人的房屋	法院委託台灣金服公司拍賣的房屋	銀行的房屋抵押品若無人標購，自行標回後再銷售
拍賣管道	各地方法院	台灣金服公司	銀行網站及委託拍賣單位
資訊來源	司法院網站、法院公佈欄	台灣金服公司網站、公佈欄	相關銀行網站、受委託標售公司網站等
拍賣方式	由法院公告，採現場彌封投標，價高者得標	與法拍屋同	可自行公開拍賣、銷售，或委託標售單位銷售，方式不一
投標地點	各地方法院	台灣金服公司	視公告內容
保證金	底價 20%	底價 20%	依各銀行規定
與市價比較	較市價便宜 2～4 成	較市價便宜 2～4 成	與市價相當，頂多便宜 1～2 成
付款方式	7 日內繳清尾款	7 日內繳清尾款，但可向銀行申辦貸款	可僅先支付 2～3 成頭期款，拍賣銀行通常會提供貸款服務
可否看屋	否	否	可
是否點交	有點交問題	不一定，若銀行及資產管理公司已承接則無點交問題，法院委託則有。	可
優點	可能出現地段、屋況較佳的房子	·同左 ·鑰匙若由銀行保管，可看屋	價格較低廉，產權清楚，有銀行掛保證
缺點	·無法事先看屋，可能買到凶宅、海砂屋或輻射屋 ·大多只公布外觀照片，房屋可能有瑕疵且不予保障	同左	地段、屋況可能較差，投標者必須先繳交保證金，若反悔，保證金將沒收

倩宜姊姊的找屋小叮嚀

Q：買法拍屋有哪些麻煩的風險？

A：因為拍價與市價相較之下更為便宜，因此法拍屋市場總是能吸引不少投資人進駐，其中最常見的問題有二：

1. 資金問題：法拍屋投標前須繳交底價 2 成的保證金，得標 7 天內更得補足剩餘尾款給法院。資金一旦調度失靈，大筆保證金就會被沒收。

2. 屋況問題：由於法院不對法拍屋提供瑕疵擔保責任，若是不幸拍到屋況很糟糕的屋子，可能得花上一大筆裝修費，若裝修費比省下的房價還多，那就虧大了。

備註　　「海蟑螂」是法拍屋常見的一大風險，海蟑螂是指「藉由私占或強占法拍屋謀求自身利益」的人，手法則是以「假租約」的方式，例如當房子遭查封時，這些人就以假的出租契約，誘使法院公告這間法拍屋為「不點交」（即法院不負責解決屋內有人居住的情形）的物件，這樣就能減少很多有意下標的買主。等到自己低價標下來之後，就可以按市價高額賣出，賺取暴利。

〔忠告 6〕**房屋仲介**

房仲業務大軍壓境，我該怎麼選？

張小姐想買桃園藝文特區的中古屋，於是找上房仲業務代為洽談，後來終於看上一間開價 658 萬元的房子。過程中，房仲業務表示可幫忙張小姐談到逾 8 成，約 560 萬元的優惠貸款，

但誰知簽約後銀行竟表示只願核貸 6 成，約 400 萬元的條件。這下子張小姐發現自己根本無法負擔，若解約還得支付 60 萬元解約金，交涉多次後除了自認倒楣卻也無可奈何⋯⋯。

這是筆者偶然間在報章雜誌上看到的一則新聞，但是印象很深⋯⋯。畢竟買房是人生大事，是每個人一生之中最重要的交易商品之一，因為交易金額龐大且買賣過程較繁雜，加上其牽涉之法令繁複與專業，不少人會委由房屋仲介人員代為銷售或購買房地產，但交易糾紛也屢見不鮮。內政部不動產資訊平台統計 2017 年不動產糾紛包含終止委售或買賣契約、訂金返還及隱瞞重要資訊等共達 1,735 件，所以儘管已委託房仲協助，還是不能太大意，以免蒙受損失，建議最好委託信譽較卓著、口碑良好的「房屋仲介公司」協助，若委託對象為名不見經傳的房仲業者，從業人員素質較可能良莠不齊，在選擇房仲之前，最好多方打聽其在同業中之口碑如何，才不會所託非人。

房市回溫，房仲從業人員數量也出現回升。據內政部統計，至 2017 年底全國受僱的不動產經紀業從業人員有 44,607 人，全台房仲業逾 6 千多家，精華商圈各大品牌房仲競相插旗進駐，人員難免會良莠不齊，媒體也不乏報導，有少數不肖仲介隱瞞重要資訊、未確認屋況導致漏水問題、虛報交易價格欺騙當事人或從中騙取暴利價差等。面對龐大的房仲大軍，到底該如何選擇一個優秀且合格的經紀人呢？

　　更何況房仲百百種，有些人習慣找一位熟悉或朋友介紹的房仲人員服務，因為較有好口碑，也有人認為委託多家房仲，成功買賣屋的機會更大，因此難免會遇到形形色色不同風格的房仲。

🏠 經紀人還是業務員？張大眼看分明……

　　目前台灣的房屋仲介人員除了經國家考試的不動產經紀人之外，不少是屬於「營業員」，營業員只要高中以上畢業，密集上課滿 30 個小時就可以申請登錄為「營業員」從事房仲業務，所以消費者最好弄清楚面對的是「不動產經紀人」還是「營業員」，最好深入瞭解這位房仲人員的素質如何？從事房仲工作多久？待過哪些區域？對於房地產法規及買賣作業是否熟悉？是否了解增值稅、房地合一等稅制的計算方式等，多方測試其專業。因不動產買賣過程中，涉及許多專業知識，如建築法規、地政稅令等，唯有合格的不動產經紀人，能提供專業的房產知識及資訊，降低交易紛爭的風險。

　　此外，最好找具有規模且有好口碑的房仲品牌及門店，畢竟目前房仲品牌眾多，且採取直營店和加盟店兩種方式經營，直營店由總公司直接派員管理，所有門店的人事、總務和行銷資源皆來自總公司，責任統一且明確。加

盟店則是獨立經營的「個體戶」，繳交加盟金月費給總公司，總公司提供經營方面的協助，讓加盟店對外可掛總店招牌，但不負責加盟店的營運。民眾在選擇直營店或是加盟店時，權益保障上也有所不同，若選擇信譽卓著的房仲公司加持，對於買賣雙方的權益會更有保障。除了市面上知名的幾大房仲品牌，當踏進房仲店家時，一定要留意是否有公司執照、營利事業登記證、主管機關許可文件、不動產經紀人證書及公會會員證書，有些業者還會貼心地把收取報酬的標準及方式，揭示於門店明顯的地方，這些都是合格房仲業者必須具備且公告的基本資料。

🏠 房仲週邊服務一籮筐，增添購屋保障

依據內政部不動產經紀業管理條例規定，經紀業或經紀人員不得收取差價或其他報酬，而是應依實際成交價金按中央主管機關規定之報酬標準計收，服務報酬約定比率須明確記載於委託契約中，買賣雙方合計不得超過6%。且有的房仲公司還會提供產業周邊的相關服務，例如不動產說明書、履約保證、凶宅與漏水保固、估算稅費、輻射屋檢測及代書服務等，這些皆有助於提升買賣雙方的房屋交易安全，最好跟房仲人員逐一確認有哪些權益與義務。

倩宜姊姊的找屋小叮嚀

Q：房仲百百種，怎樣才算是合格的好房仲呢？

A：

1. 經政府考試及格的不動產經紀人，其具有專業素養，能顧及買賣雙方的權利義務。

2. 拒絕使用銷售話術及手法，迫使買賣雙方在短時間內做出倉促的決定，而是儘量站在雙方的立場給予協助，並讓買賣交易過程公開、透明及安全。

3. 會詳細說明該物件的「不動產說明書」，誠實告知該物件如產權歸屬、屋況、坪數、建材、樓層及屋齡等相關資訊，並審查確認資料是否屬實。

4. 協助確認交易過程的每一份契約書，並對於契約書中的重要內容，例如不動產標的物、委託總價及交付方式、委任期限、斡旋金的交付、服務費的交付、買賣契約的簽訂、委任契約的解除、違約的損害賠償等，都應先跟消費者逐條說明清楚，避免日後徒增糾紛與困擾。

5. 深入體察客戶需求，努力配對適合的房子，盡量減少無效的看屋行程。

**買屋
懶人包**

購屋準備 Step 5

Step 1：摸索期─釐清購屋動機，訂定買房計畫→ 5W1H
Why 為何買房？ Where 買在哪裡？ When 何時買？ What 哪種物件？ Who 誰要住？或跟誰一起住？ How 怎麼買？

Step 2：學習期─有空多去看房，多做功課→累積經驗值
從公司、老家、租屋處周邊，上仲介網站或店頭瀏覽物件，了解當地房屋最新行情，以及購屋相關資訊，並估算自己該準備多少頭期款，以及要花費多少時間才能存到這筆錢？

Step 3：體檢期─精算個人財務→建立個人信用
我的月薪多少？我有多少存款？家人會幫忙付頭期款嗎？我的工作夠穩定嗎？我有學貸、信貸、車貸或卡債嗎？

Step 4：累積期─想辦法開源節流，展開無痛存錢法→光靠死薪水存太慢，不妨透過投資理財加快速度。
買股、債券、基金、跟會甚至外幣保單都可以嘗試，但只有定存、保單可保本，其他投資都有本金變動的風險喔，若正職許可的情況下，亦可培養第二專長，兼差賺合法外快，加速存款累積速度

Step 5：成熟期─鎖定想買的區段，多方看屋精準出手→完成買屋夢想。
經過一段時間，看了數十甚至上百間房，自備款也存到差不多的階段，這時要下定決心，鎖定想買的區段，有時間應該把該區預售、中古及新成屋各類型房子看過一輪，最後瞄準喜歡的物件出手，恭喜賀成交囉！

CH3

買屋篇

有能力買房子，固然是一件令人開心的喜事，只是悲劇往往在不知情的情況下發生，魔鬼通常就會躲在細縫處等著打擊你……，最常見的狀況無非就是發現自己買貴了、新屋竟然是凶宅、碰上惡鄰居、甚至是風水格局有問題等，問題層出不窮！

即便如此你也別害怕，一切都還來得及重做規劃的，現在就讓我們接著往下看，細聽筆者說分明！

〔建議 1〕公設

泳池、健身房公設夯,管理費貴森森,
需知建商施工口碑才重要!

Rusy 舉辦入厝趴踢,喜孜孜地跟來訪的親友介紹,新居有社區健身房、閱覽室、KTV 及兒童遊戲室等公設,以後不用再花錢上健身房,小孩也有地方可以跑跑跳跳……,親友聽完後問 Rusy,妳家坪數多大?Rusy 說權狀 50 坪,扣除車位 10 坪,室內 25 坪,公設比(註 1)達 37.5%!

台灣的大樓公設比普遍達 30 ～ 40%,購買前必須要注意公設坪數為多少,因為公設坪數就等於虛坪,將來在轉手的時候是沒有支配權的。政府為逐步推動實坪計價制,自 2018 年 1 月 1 日起雨遮、屋簷不登記不計價,也就是說屋簷、雨遮不再辦理測量登記,建物地下層也改以牆壁中心為界,辦理測量登記面積,以健全測量登記制度,減少買賣糾紛,該兩項政策上路後,除可杜絕虛坪,更可進一步防堵房價遭到灌水。

🏠 弄清楚「大公」及「小公」,坪數縮水有根據

所謂「公共設施」,一般分為「大公共設施(俗稱「大公」)」、「小公共設施(俗稱「小公」)」兩種。「大公」指的是,社區內所有住戶共有、

共用的設備，例如蓄水池、機電室、消防空間、中庭花園、健身房、游泳池及 KTV 等休閒設施；「小公」是指，住戶當層樓地板的共有使用空間，例如電梯間、走廊、通道、門廳、樓梯間等，都屬於小公等（參看表 3-1）。由於這些大公、小公的公共設施是由全體住戶使用，所以維護費用及坪數都由住戶依房屋權狀的坪數多寡來共同分擔，如果某個社區有 100 戶、權狀坪數都是 30 坪，公共設施的總面積是 1,000 坪，平均每戶要分擔 10 坪，公設比（例）就是 10 ÷ 30 = 33.3%。換句話說，室內實際使用的空間只剩下 20 坪。

再舉個簡單的例子，假設你買屋權狀是 40 坪，每坪花 30 萬買，等於房價花了 1,200 萬元，但是你家裡實際坪數只有 40 坪的 75%=30 坪，另外 25% 公設等於花了 300 萬元（10 坪 × 每坪 30 萬元）投資在社區公設上面，這部分就佔了房價的 1 ／ 4。若不想在公設多花錢，那找公設比低的大樓總可以吧！一個社區大樓或許可以沒有健身房、游泳池，但卻不能沒有電梯、走道及機電室等設備。民眾若購買預售屋，尤其要仔細核計室內的實際使用面積，進一步了解各空間大小，要求建商需提供附加標示尺寸與註明各空間坪數的平面配置圖，以避免完工交屋時發生原本預售是「大 3 房」，交屋卻淪為「小 3 房」的悲劇（參看表 3-2）！

🏠 建商灌水虛報，坪數實際差很大

此外，虛坪遭不肖建商灌水的手法很多，例如把樑柱、雨遮都做得很大，但這些平常根本不實用的地方，可能加起來不止 3 ～ 4 坪。如果以每坪 30 萬元來算，等於近 100 萬元花在用不到的地方。也有建商將地下室的車道及車位灌給所有住戶，對於沒買車位的住戶很吃虧。此外，市場上也常見將陽台外推，將陽台面積納入主建物內，讓民眾誤以為公設比較低。

表 3-1 大公、小公的區別 →沒有頂蓋不算公設

項 目	大公共設施坪數	小公共設施坪數
意義	全社區一起分擔坪數	由當樓層的住戶來分擔坪數
實際場所	中庭、大廳、社區休閒設施、消防間、水塔、機電間	電梯空間、樓梯空間、走道、花台、露台及逃生梯
面積大小	戶數越多，各戶持有大公面積越少	套房大樓走道長，小公面積較也較大
特性	若坪數被灌水則不易分辨，為一般人認知的公設	若建築師規劃不良，小公設會提高

表 3-2 合理公設比怎麼算？

樓層別	公設比（％）	說明
透天住宅	0～3	無電梯
5 樓以下公寓	0～5	無電梯，樓梯也不計入公設
5～7 樓華廈	5～12	有電梯及樓梯
8～12 樓大樓	12～20	有電梯及雙樓梯
12 樓以上大樓	20～28	電梯及大廳
有開放空間之連棟式集合住宅	28～32	公共設施更多，電梯多，還有花園健身房……

資料來源：住商不動產

表 3-3　如何購買抗跌的預售屋

生活機能	臨近百貨商圈、大型賣場或名人巷加持
交通位置	10 分鐘內可步行至捷運站、雙捷運交會處、距離高速公路不遠
產品規劃	公設比低、總價較低、社區具綠化空間、節能住宅
社區管理	酒店式或飯店市管理
建商品牌	避免買「一屋建商」產品，大型品牌建商較有保障

資料來源：蘋果日報

　　一般而言，預售屋公設比低於 30% 較抗跌，因可節省總價成本，轉手也具優勢，但買房前一定要多打聽建商口碑，如果遇上經常與住戶對簿公堂的建商，最好特別小心（參看表 3-3 ）。

　　其實公設比高低，都各有擁護者，不少年輕夫婦有人偏好休閒設施多元的新成屋，較年長的購屋族則青睞室內的實際使用面積。由於建築法規規定，8 樓以上建物需配備兩套逃生梯，因此目前屋齡在 5 年內的新大樓，公設比普遍較高，幾乎皆在 3 成以上；至於近來流行的小宅，因戶數少，公設分攤者少，公設比大多高於 3 成，因此屋齡在 10 ～ 15 年的電梯大樓，除公設比不高，還可享受到較大的室內空間，是房仲業者間公認 CP 值相對高的產品，提供參考。另外，可以列入公設面積計算的範圍必須是有頂蓋的公共設施，大部分為法定空地的中庭花園及露天游泳池，並不列入公設面積喔！

備註	1. 公設面積／（總面積－車位面積）×100%＝公設比
	2. 公設面積／（建物＋附屬建物＋公共設施）＝公設比

〔建議2〕凶宅

不想阿飄來入夢,如何避免買到凶宅?

　　May 最近喜孜孜地搬入新買的小套房,與新房應該還在蜜月期。但奇怪的是,之前看屋時明明覺得房子採光、通風都不錯。不過打從她入住之後,卻總感覺半夜睡覺時好似有人在偷窺她,驚醒後卻未曾發現有外人入侵的痕跡,May 為此經常失眠,加上浴室裡的馬桶偶爾也會突然自動沖水,雖說這些異狀她並不在意,想說應該是馬桶老舊才會這樣,直到她看到隔壁街坊私底下經常看著她議論紛紛。

　　直到有一天,她實在忍不住了,於是去敲了一戶鄰居的門,一問之下讓她大驚失色,沒想到自己新購的房子之前曾有人在裡面燒炭自殺身亡。

　　無端買下一棟凶宅,著實讓 May 嚇出一身冷汗⋯⋯!

　　發生過重大刑案的房子俗稱凶宅,大多數民眾因為怕觸霉頭,往往避之唯恐不及,加上乏人問津的緣故,凶宅一般會比市價便宜許多,甚至房價腰斬再腰斬,加上投資客相準其中的差價商機,會刻意買入低價凶宅用來出租,待慘案逐漸為人淡忘,再把房子整理之後賣掉,而這些凶宅,往往就這樣被不知情的民眾買下。

年增至少 2000 間凶宅，交易糾紛屢見不鮮

近幾年來，凶宅發生率以驚人速度持續增加，發生房屋交易糾紛的比率亦有增無減。根據統計，2016 年全台因自殺死亡人數達 3,675 人。內政部警政署的數據也顯示，2016 因刑案而死亡的人數有 841 人，估算至少有一半比例是發生於建築物內，而形成所謂的凶宅，也就是說，每年新增逾 2 千間凶宅，顯見凶宅問題有多嚴重。

凶宅一般指的是屋內曾發生過「非自然死亡事件」，例如他殺、自殺等，除此之外還包含了一些意外造成的死亡，如一氧化碳中毒、重大傳染疾病死亡、吸毒暴斃、火災死亡等，若遇到發生過上述狀況的案件，屋主務必要主動告知買方，若讓買方在不知情之下誤買凶宅，可據此提出解除買賣契約，否則屋主有可能吃上詐欺罪嫌。

人人都怕買到凶宅，但到底應該如何自保呢？

首先，建議大家要善用網路這個好工具，部份較易搜尋的凶宅，例如前桃園縣長劉邦友公館的滅門血案、花蓮五子命案等物件，通常上網都能查詢到也較為人知曉，倒是有些物件因為發生時間久遠，早已拆除改建，除非上網細細搜尋，否則還真不容易查到。

跟老鄰、老店、老里長打聽，凶宅無所遁形

一般民宅內發生的凶宅，除了鄰居、管區派出所警員之外，較難事先查明真相。只是俗語說得好「凡走過必留下痕跡及鄰居」，除上網查詢凶宅網（http://www.unluckyhouse.com）及有關自殺、輕生的舊新聞，或搜尋關鍵

字「路名 自殺」、也可試試向附近營業已久的老店、鄰里長或大樓管理員查訪，甚至向鄰居街坊打聽等，都是能自行防範的招術。此外也可從該屋的戶籍謄本、管委會、左鄰右舍等打聽消息，以保障自身權益。轄區派出所和消防局雖有凶宅查詢服務，不過礙於《個人資料保護法》的限制，如欲去派出所和消防局調閱資料，則必須由屋主隨行。

🏠 大型房仲建有凶宅資料庫，過濾凶宅好幫手

再者，你也可找有信譽的大型房仲業者協助篩選過濾，因大型房仲業者多半建有資料完備的凶宅資料庫，以信義房屋為例，早在 20 幾年前就開始蒐集特殊屋況資訊，至今已累積數量龐大的資料庫，不僅可查詢凶宅，還有包含海砂屋、輻射屋等物件資料，堪稱目前民間最大、最完備的「特殊屋況物件資料庫」。

至於凶宅的定義為何，內政部在 2008 年 7 月曾發布函釋以定義凶宅：「賣方產權持有期間，於其建築改良物之專有部分（包括主建物及其附隨建物），曾發生兇殺或自殺而死亡（不含自然死亡）之事實（即陳屍於專有部分），及在專有部分有求死行為而致死（如從專有部分跳樓輕生，而死在其他樓層或中庭）；但不包括在專有部分遭砍殺而陳屍他處之行為（即未陳屍於專有部分）。

🏠 賣方若隱瞞凶宅屋況，買方可要求解約或賠償

儘管內政部於 2015 年已規定不動產說明書上應記載是否為凶宅，建物專有部分於產權持有期間是否曾發生兇殺、自殺、一氧化碳中毒或其他非自

然死亡的情形，都必須記載，屋主應在這欄表明「過去從來沒有發生過任何兇殺案、自殺、他殺或特殊身故等」，如果事後發現與事實不符，買方可要求解約退款或降價，甚至賠償，這是屬於定型化契約的一部分，被視為買賣房屋契約。但建議最好還是在房屋買賣（租賃）契約書中，另訂個別磋商條款，明定凡是該屋內曾有人死亡，無論死亡原因與最後陳屍地點為何，均可解除契約，如此才能避免買到凶宅，住的安心。

🏠 慎選物件別貪便宜，委託專業多看多問

一般而言，因多數人忌諱凶宅，價格大多比原房價低約莫 10 ～ 30%，若遇到開價極不合理的房子，務必格外小心。因凶宅無論是經過重新裝潢、格局變更，仍舊屬於凶宅，唯有整棟房屋拆除重建後，才不算是凶宅。

此外，除了建物本身發生過「非自然死亡事件」構成凶宅要素外，若是大樓內的其中一戶、花園、樓梯間或中庭曾發生過非自然死亡事件，雖然標的物本身並不是凶宅。但建議屋主和房仲最好先主動告知該社區曾發生過的事件，基於誠信原則之外，也可避免衍生無謂的房屋買賣糾紛。民眾在簽訂購屋契約時，亦可要求賣方或房仲切結房屋非凶宅，一旦不小心購買到凶宅，可向對方要求解約或透過訴訟討回權益。

最後建議民眾購屋看屋時，遇到比市價低很多的房子、久賣多時無人聞問的房子或轉手多人、一賣再賣的房屋都要格外留意，更要慎選有信譽的房仲業者協助把關，買到燙手山芋的凶宅風險就可大大降低了。

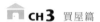

 倩宜姊姊的買屋小叮嚀

Q：如何定義自己買到的是凶宅？

A：構成凶宅必須具備以下 3 個要件：

1. 時間：賣方產權持有期間內發生。

2. 空間：在專有部分發生。

3. 型態：兇殺或自殺，但排除意外死亡（如一氧化碳中毒死亡、火警或其他意外）。

〔建議 3〕斡旋金 VS. 要約書

逐字逐句看仔細，合約可別傻傻簽！

　　小紅第一次購屋，看上一間套房，在房仲的積極鼓吹下，她付了 10 萬元斡旋金（註 1）給屋主並且出價，沒想到小紅家人反對她買這間房子，小紅也覺得自己太衝動，所以反悔想拿回 10 萬元斡旋金。豈料仲介這時告訴她，由於屋主已經同意她出的價格，斡旋金已轉為訂金，因此若按照規定，小紅反悔不買了，那麼這 10 萬元斡旋金將全數被屋主沒收，小紅雖然心疼 10 萬元拿不回來，卻也只能徒呼悔不當初⋯⋯。

斡旋金

　　一般來說，當房仲帶看屋時，若是發現買方有購買意願時，一般會請客戶簽要約書或出一筆「斡旋金」，表示確實有購買意願，並非只是空頭喊價，方便房仲去跟屋主議價。這時就進入「斡旋期間」，一般多為 3 ～ 7 天，斡旋金的金額約房屋總價的 2 ～ 5%，若買方有強烈的購買意願，一般慣例是付 10 萬元做為斡旋金，如果買賣方議價成功，斡旋金就直接轉為訂金，如果協商失敗，斡旋金則會全數還給買方。建議消費者若遇上心儀的房子，而房仲公司又能提供安全的付款保證制度，這時以斡旋金的方式來議價，較能達到令人滿意的議價結果。

🏠 要約書

政府在 1997 年起，要求房仲業者在斡旋金制度外，須同時提供「要約書」（註 2）給買方選擇。不同於斡旋金，要拿出一筆現金或支票，簽訂要約書時，買方不用拿錢出來，但同樣要出價。賣方若同意買方出價並簽名後，房仲便會和雙方約時間簽約。要約書視同契約書，有 3 天審閱期，若是賣方同意買方出的價格，則買方同樣要支付一筆訂金，若是賣方不答應買方的出價，則該要約書也就失效。因此簽定要約書時，仍要視為簽訂正式的買賣契約書一般看待，除了讓賣方感受誠意，也能避免事後糾紛的發生。

🏠 無論斡旋或要約，雙方反悔違約都得付賠償金

但要注意的是，賣方尚未同意買方出價之前，買方隨時有撤回的權利，若是賣方已同意房子的交易價格，買方才反悔違約，不管是斡旋或要約，買方皆要付出一筆違約的賠償金。公平交易委員會規定房仲業如向買方提出斡旋金要求時，須同時告知買方亦可採用「要約書」，並向買方說明「要約書」不必先支付任何金錢，且在賣方承諾前或房仲業者送達前，買方得撤回要約。要約書雖不必先付一筆款項，但若反悔時，賣方如可舉證出，其因利息或其他所造成的損失金額，則買方可能須賠一筆高於斡旋金款項的違約金，有支付少、卻有風險極大化之特色。因此買方在決定付斡旋金或簽要約書之前，一定要想清楚，並透過地籍圖、權狀，確定房屋沒有問題，且釐清自己的經濟能力是否能負擔房款，再行動也不遲喔（參看表 3-4）。

表 3-4 斡旋金、要約書有何差別

項目類型	斡旋金	要約書
目的	・買方展現購屋誠意，方便仲介前去議價 ・買方探詢賣方底價 ・遏止任一方惡性違約	
用途	要約行為，和議成功可直接轉為訂金	要約行為，和議成功需另外支付訂金
合議前付出金額	需付出總價 1 ～ 3% 做為斡旋金	無
付款方式	・現金、本票 ・ 金額不定，一般約為買方開價 2% 或 10 萬元上下	簽約
議價成功	斡旋直接轉成訂金，約定簽約 ・開價達賣方底價 ・開價未達賣方底價，但對方同議售屋	雙方約時間付訂金，準備簽約 ・開價達賣方底價 ・開價未達賣方底價，但對方同議售屋
議價失敗	退還斡旋金	契約無效
違約罰則	付出的斡旋金將被沒收	總價 3% 的違約罰則
約束力	強	弱

資料來源：蘋果日報

🏠 房屋簽約應鉅細靡遺，有專家把關才安心

至於一般人最關心的賠償金問題？一般而言，斡旋金違約的話，是付多少賠多少，而要約書則依據政府規定，違約金為買方出價的 3%。例如買方出價 1,000 萬元，經賣方同意後卻反悔，則買方必須賠償賣方 30 萬元違約金。若賣方簽收要約書之後卻反悔不賣，同樣也得賠償買方 3% 違約金。但

若屋主未在斡旋金或要約書簽收，則買賣預約未成立，是不能向屋主求償違約金或仲介費。若買方以要約書的方式出價，且賣方已經同意出售房屋並簽收要約書之後，若賣方不履行簽約時，不但要賠償買方 3% 的違約金，還需支付仲介業者仲介費。

終於與屋主談好價格了，但還不能高興得太早，在房子完成過戶點交之前，簽約過程都不能掉以輕心。這時建議消費者在簽約房屋買賣合約書時，最好找懂房地產及法律的朋友陪同並幫忙檢視合約內容，蓋章之前務必小心再小心，更要找正派經營的地政士或房仲公司協助，不要為了規避仲介費，而自己隨便上網賣屋，若遇上有意詐騙的屋主或買方，那可就得不償失了。

買賣雙方在簽約之時，對於買賣價款總金額、附贈物品（屋主不搬走的傢俱或定著物）、屋況、是否以現況交屋，有無漏水、壁癌疑慮、搬家時間等，應於正式簽立不動產買賣契約書時，完整且詳細地記載於買賣合約書中，包括價款給付方式，買賣條件及附加條件等，皆要以文字方式詳載於合約書上，買賣雙方親自簽名蓋章，再經地政士（代書）見證簽約之程序。

此外，簽約應注意事項還包括：
（1）雙方是否為本人或有權代理？
（2）證件資料需核對。
（3）買方貸款條件。
（4）賣方清償塗銷條件，原銀行貸款有無違約金。
（5）產權審核。

由於有些買方可能因手頭資金不足，或是怕銀行貸款貸不到理想成數、

價格，因此在口頭上與原屋主議價時，會特別提到若貸款不足時可暫緩交易，或是取消交易，這也是議價的內容之一，倘若賣方同意，就可以加註於買賣合約書內。

另外，有些房屋是有帶租約契約，為避免有屋主誇大租金行情，有帶租約的房屋，務必須要求將租屋合約、契約一併寫清楚，避免日後發生租屋糾紛。

成屋履約保證，價金由公正第三方負責保管

最後一點，買賣雙方在簽約時，地政士也會要求簽署成屋履約保證，也就是由第 3 人經手金錢和權狀，保障買賣雙方的權益。成屋履約保證通常是由建經公司開設履保專戶，由銀行委託第 3 者（建經公司），管控存入履約專戶的金錢和所有契據，以第 3 人的身分，替買賣雙方權益把關。目前各大房仲業者都已和各建築經理公司合作，建立成屋履約保證制度，在買方價金付清前，所有金錢和權狀，由專業、公正的第 3 方負責保管，並負起承擔責任。一般而言，要等到所有付款程序完備，且產權過戶完成，買方將所有價金匯入履保專戶後，雙方就會簽立履約保證結案，這時買方會取得權狀和鑰匙，賣方則可要求銀行從履保專戶匯款到指定帳戶，完成這筆房屋交易。

⊂　⊂　⊂　⊂　⊂　⊂　⊂　⊂　⊂　⊂　⊂　⊂

倩宜姊姊的買屋小叮嚀

Q：斡旋金和要約書有何不同？

A：政府規定民眾委託房屋仲介業者購買房屋時，可以用二擇一的方式下訂，除了支付「斡旋金」，也可簽立「要約書」給房仲公司，而不必先支付任何款項，房仲業者可依據此「要約書」和屋主議價。若屋主同意買方的價格及條件後，則買賣雙方就可正式簽定買賣契約。值得注意的是，不管是「斡旋金」還是「要約書」，此兩種方式有一共同特性，即買賣不成，若歸咎於買方之責任，則買方須賠償已支付之價款。

反之，若責任歸咎於賣方，則賣方亦須賠償已支付款的相同價金以賠償買方，買賣雙方的違約責任相同。此兩種版本深深影響買賣雙方的權益，因此購屋族一定要弄清楚合約的相關規定，才不致造成無謂的損失。

備註

　　1.「斡旋金」是基於買方已有購屋意願，但對賣方價錢多有保留時，透過房仲公司支付一筆費用（通常為房屋總價款之2~5%）作為進行交易之誠意，委由經紀人與屋主協調價格上雙方認知之差距。若交易成立，可轉為價款一部份，接下來買賣雙方即可正式簽定買賣契約；若不成立，亦可退回，而且在屋主未允諾出售之前，買方亦有權撤回斡旋金不買。若買賣雙方達成價格上共識時，斡旋金即轉變成買賣價金的一部分。

　　2.「要約書」是消費者已有購屋之意願，透過仲介業者簽立的一份文件，其主要內容包括：承購總價、付款及其它條件、確定正式房地產買賣契約書之期限，其效力視同簽定買賣契約，若買賣雙方若在簽立要約書後反悔，則須賠償總價的3%罰款。

〔建議 4〕交屋

漏水、壁癌糾紛多，交屋驗貨要仔細，自己幫房子做「健檢」！

沈小姐和未婚夫小倆口看上新北市近郊屋齡 20 幾年的公寓，幾經交涉終於開心買下人生第一間房。只是看屋時，倆人就發現客廳與房間的天花板有漏水痕跡，且因賣方簽的房地產標的現況說明書中，也有勾選「建物不滲漏水」，所以本以為賣方會修好後再交屋。

豈料萬萬沒想到 5 月交屋後，梅雨季開始，沈小姐家裡也開始下起小雨，她請仲介催促賣方修繕，原屋主卻一再拖延甚至置之不理，沈小姐這時才想起，自己當初在房屋點交時沒在合約書上註明要由賣方負起瑕疵擔保責任，小倆口搞到最後，也只好自掏腰包花錢消災。

購屋是件大工程，終於到最後一哩路，經過了「簽約」、「用印」、「完稅」並繳交各期價金等繁瑣手續後，終於準備要交屋囉！眼看著就要美夢成真，入住新居，但交屋過程繁複，最好找個有經驗的朋友幫忙留意合約內容及稅務規定。這時候除了要查看權狀所登記土地與建物坪數是否與不動產買賣契約書內容相符，點交內容也要與不動產買賣契約書相同，並採現場點交以免事後有糾紛，「包括水電費、瓦斯費和管理費等各類型費用結算、屋況有無漏水、插座能否通電、浴室馬桶水壓與排水是否正常等，都是交屋前的

眉眉角角，稍不注意，事後會衍生許多煩惱及問題。

現場點交學問多，地毯式檢查保障自身權益

因為現場交屋最重要的意義，就是讓買方做屋況最後的確認，例如有無發現之前沒有的滲漏水現象、屋主承諾處理的瑕疵有沒有修繕完成、屋況雜物有沒有依事先約定整理好、大門房間等鑰匙確認等。若現場發現的滲漏水瑕疵，可當場要求屋主依民法負起瑕疵擔保責任做修復，至於現場無法察覺的瑕疵，像是刻意用壁紙遮蓋的滲漏水、入住後短期間出現的滲漏水、屋主在不動產說明書上不實勾選的瑕疵等等，若能確定是屋主交屋前就已存在，可依《民法》規定跟原屋主求償。法律規定交屋後 5 年內，若買方發現漏水等瑕疵，可在發現後 6 個月內向原屋主求償，但若在簽定不動產買賣合約書時，雙方簽有拋棄漏水瑕疵擔保責任，則不受規範。

筆者建議驗屋步驟千萬不能急就章，既然已經花了大錢買屋，點交時舉凡客廳、餐廳、臥室、浴室、廚房、前後陽台等處，都要地毯式地逐一檢查，有問題的地方皆以彩色膠帶特別標明，再拍照存證。尤其有些屋主擔心自己的房子賣不出去，所以都會採取隱瞞屋況的態度，於是便衍生出很多交屋糾紛，撑到最後還是得尋求法律途徑解決，既勞民又傷財，因此一開始就要慎選專業的房仲人員，對於房子的所有狀況都非常清楚，既可幫屋主把關，還能省去事後的諸多麻煩。

除了確認檢查屋況外，各類法務、稅務也是交屋時不可忽略的事（註1），交屋時，買方可先檢查地價與房屋稅、社區管理費是否結清，如前屋主有貸款，可調閱土地與建物登記謄本，檢查抵押權設定有無塗銷。交屋後

應立刻辦理戶口遷移，如為自住需求，可向稅捐稽徵處辦理自用住宅，未來課徵地價稅時稅率較低。

 倩宜姊姊的買屋小叮嚀

Q：賣房子簽訂買賣契約時，有時會在特約條款加上一條「現況交屋」，萬一交屋後房子有問題，賣方就可不用負責了嗎？

A：現況交屋係指在賣方誠實告知房屋瑕疵，買方以通常方式檢查房屋，雙方都沒有意見下交屋後，日後買方確實無法向賣方要求負責。不過這個狀況有個但書，若賣方刻意隱瞞，明知房子有些問題卻不告訴買方，那麼日後就無法以現況交屋卸責。

其次，現況交屋還有個例外，意即買方能否以「通常方式」（註2）察覺房子問題，若買方已檢查無誤後，並認可交屋時房屋現況，事後再對屋況有意見，除非是難以察覺或賣方刻意隱瞞，要想賣方負責就是難上加難了。因此建議不宜在合約上加註「現況交屋」，因通常買賣雙方認知的「現況」不一定相同！

備註

1. ★稅務法務

◎買方向屋主索取土地增值稅單、權狀與公契文件，留意權狀所登記土地與建物坪數是否與不動產買賣契約書內容相符。

◎屋主如有貸款，買方須調閱土地與建物登記謄本，交屋前檢查抵押權設定有無塗銷。

◎檢查包括地價稅、房屋稅、管理費是否結清。

◎買方戶籍遷入如符合自用住宅規範，至稅捐稽徵處辦理自用地價稅。

◎買方可向屋主請求提供房屋保固與（氯離子、輻射）相關檢測證明。

◎辦理戶口遷移與水電、瓦斯、網路與電話過戶。

★現場點交

◎留意天花板、地板、牆壁有無滲漏水痕跡。

◎前後陽台、浴室的排水是否正常，有無阻塞狀況。

◎窗框、衛浴牆面兩側有無水痕汙漬，觀察房屋是否漏水。

◎開關檢查所有的燈是否正常，確認電線及開關是否正常，若是屋齡老舊中古屋，建議重新拉線施工。

◎確認所有水電瓦斯管線的裝置及更換時間點。

◎廚房、浴廁、馬桶等水壓是否正常，各插座是否通電。

◎用滾動的彈珠測試，地板水平有傾斜的情形。

◎買方取回權狀、本票與社區住戶規約，建議將門鎖更換。

◎檢查通道、電梯、走廊等的電力設施功能是否正常。

◎若有外推或加蓋的部分，確認加蓋時間及有無遭檢舉拆除。

2. 所謂「通常方式」，就是用一般方式，如目視或直接接觸就可查覺的屋況問題，譬如天花板上方漏水，必須打開才看得到，或是難以移動的大型家具後的壁癌，這些都不屬於通常方式，只要是買方交屋時無法察覺問題，事後發現，屋主仍要負起瑕疵擔保責任。

〔建議 5〕貸款

軍公教、小資及首購族，
身份不同房貸差很大，怎麼申辦才划算？

　　三十多歲的阿賢擔任警察已經好幾年，雖然領的是固定薪水，但很有危機意識的他，很早就開始善用公教人員的低利貸款買股投資然後用賺的錢買房，尚未結婚成家的他，已經在雙北攢下兩棟房子，當起業餘包租公，更不用擔心以後年金改革導致退休金大縮水。阿賢說，銀行最喜歡軍公教人員來借款，一來穩定，二來不怕找不到人，利率最低他曾經貸到 1.5%，若不貸軍公教優惠貸款方案，外面隨便都要 1.7% 起跳，貸 1,000 萬元的話一年差 11,100 元，二十年就差了 222,000 元，還可省下數千元的帳管費，讓他直呼划算！

　　房市買氣回溫，民眾到底該怎麼申貸，才能拿到最優惠的房貸利率？俗語說得好，「貨比三家不吃虧」，台灣銀行業者競爭激烈，各家推出的房貸商品也相當多元，您可能會被要選擇固定型、指數型、理財型、抵利型等房貸，搞得頭昏眼花。但不管是小資、首購或是軍公教型的購屋族也好，不同類型的購屋族群，經濟能力各異，最好依照自己的情況來選擇所需的貸款方式。本篇從買房的區段、申貸人的職業及收入等，教您如何挑選最適合自己的房貸。

以軍公教人員為例，除了工作穩定之外，也是銀行業的最愛，不少銀行都針對軍公教族群推出優惠房貸方案，提供較優惠的房貸利率，以吸引需要購屋貸款的軍公教人員，在能省就是賺的原則下，不妨把握各銀行推出的軍公教房貸優惠專案，進場「存房置產」，增值財富。

師字輩及上市櫃公司員工，銀行眼中 A 咖

若非軍公教人員，若是遇上優質客戶，例如醫師、律師、會計師、建築師、精算師等專業人士；任職上市、櫃公司、跨國台灣企業信用風險指標評 1～7 等的公開發行公司、Fortune 雜誌編列全球 500 大的在台分公司，或是經公正第 3 方統計營收排名製造業千大、服務業 500 大及金融業 100 大的公司；與銀行授信往來優質企業戶之員工，都是銀行眼中的貸款好咖，不論是購屋、修繕或投資理財等需求，銀行大多樂於提供申貸服務，自用住宅貸款年利 1.6% 起、非自用住宅貸款約 1.68% 起機動計息，利率條件優於一般房貸。

若不是屬於這類公司的員工也別灰心，由於每家銀行對菁英、優質的定義不同，不妨多向幾家銀行洽詢，或試著向公司薪轉銀行申貸，也較有機會符合優質客戶資格。反之，即便任職於優質的大型企業，若個人收入負債比例過高，或是信用條件不好，恐怕也難取得好的申貸條件。

比較各家房貸條件，避免因小失大

而目前房貸利率最低水準，也最適合首購族申請的，就是由財政部與內政部營建署兩機關辦理的政策優惠房貸方案；前者為所屬 8 家公股行庫的「青年安心購屋優惠貸款」，後者為「住宅補貼專案」，兩者可同時申請。「青

年安心購屋優惠貸款」，和台灣銀行、土地銀行、合作金庫、第一銀行、華南銀行、彰化銀行、兆豐銀行、台灣企銀，共 8 間公股銀行配合辦理，民眾只要年滿 20 歲以上，不管已婚未婚，本人和配偶及未成年子女名下都沒有自用住宅才可申請，且無自有住宅，只要於申請日前 6 個月起所購置之住宅，就可申貸。額度最高可貸 800 萬元，貸款成數最高 8 成，期限最長 30 年；目前利率為前 2 年 1.44％，第 3 年起 1.74％機動計息。

營建署「住宅補貼專案」則是每年開辦，共分「租金補貼」、「自購住宅貸款利息補貼」，及「修繕住宅貸款利息補貼」三類；約在每年 6 月底公告，受理申請時間為 7 月 20 日～8 月 28 日止。「自購住宅貸款利息補貼」，申請人資格為年滿 20 歲，且無自有住宅，額度最高 250 萬元，最長可貸 20 年；利率為 0.042% 加計郵儲利率，弱勢身分則減計郵儲利率。

以首購族買 1,000 萬元房屋為例，若自備 300 萬元，需貸款 700 萬元，即可申辦公股行庫與營建署的優惠貸款。若購買超過 1,000 萬元的房子，經申辦政策優惠房貸後，餘額則可比較各家銀行的房貸商品。但若非首購族，或不符合青年安心成家方案資格者，最低利率須自「1.6」字頭起跳。

至於何者才是最適合自己的貸款方式？一般來說，每月固定還本息的「指數型」房貸適合薪水固定的上班族。「固定型」房貸則是利率固定，不受利率上漲、下跌的影響，但一開始的利息通常較「指數型」房貸高，但因利率固定不變，可避免央行升息的風險，缺點是很少有銀行會提供 20～30 年的「固定型」房貸，大多僅提供一定期間的固定利率，期滿之後則改為「指數型」房貸，適合預算有限且準備長期還款的首購族、雙薪家庭和預期未來利率可能走升的人。「理財型」房貸適合有理財規劃、短期投資、房屋修繕

及備用金需求者，或是中小型企業人士，「抵利型」房貸適合有存款但希望保留資金運用彈性，不想提前還款，但希望降低房貸負擔者，「保險型」房貸適合家中只有一人是經濟主要收入者。

比較各家房貸專案時，除了留意利率外，還要問清楚徵信、帳管等隱藏費用，以及未來轉貸時的相關規定，為了防堵民眾貸款搬家，銀行通常會設定限制條款，例如違約金及綁約年限等，申貸時一定要問清楚看仔細，想轉貸時才不會付出慘痛的代價。

依照個人財務及需求，選擇適合貸款方案

此外，有些人房貸付了一段時間後覺得利率過高想轉貸到其他銀行，這時要細算轉貸衍生的相關成本，例如塗銷費、登記設定規費、代書費、轉貸手續費及提前清償違約金等，需耗費數千到幾萬元不等，除非轉貸之後，利息真的差很多，否則不需要浪費時間及金錢去做轉貸喔！有鑑於此，有些房貸商品便會搭配「只還利息，不還本金」的寬限期，讓剛買屋的民眾不用一下子就負擔本息，在寬限期可以稍微喘息一下。但隨著房市趨於嚴峻，部分銀行已開始緊縮房貸寬限期，或將寬限期與貸款成數連動，民眾若申請寬限期，貸款成數也會相對降低。建議若財務上沒有太大問題，最好一開始就本息攤還，這樣償還的貸款總額會比較少一些。一般銀行提供的房貸還款期限為 20～30 年為主，少數業者推出長達 40 年房貸商品，藉拉長時間，使每月繳款金額減少。前者平均每月房貸還款金額只要後者的 60%。不過，因為把還款時間拉長一倍，民眾最終所繳的房貸總金額，往往也比只繳 20 年的金額多出許多，不妨依照個人的財務考量及需求，來選擇最適合自己的房貸方案。

建議不了解貸款作業的民眾，最好先請教在金融業工作的親朋好友，協助了解各家金融業者提供的貸款利率、可貸成數及限制清償期間及手續費，逐一比較優劣，再依照自己的經濟負擔狀況挑選最適合的房貸專案（參看表3-5）。

 倩宜姊姊的買屋小叮嚀

Q：我是首購族，怎麼找銀行辦貸款？

A：

1. 了解自己是否符合「青年安心成家購屋優惠貸款」的申請資格。政府為照顧首次購屋，有提供優惠的政策性房貸，因此沒有懸念的，就是先了解自己是否符合「青年安心成家購屋優惠貸款」的申請資格。

2. 詢問平常主要往來的薪轉銀行、信用卡往來銀行或壽險公司。多詢問幾家金融機構，尤其現在不少外商銀行及壽險公司，也常以低利率吸引房貸戶，申貸條件也較有彈性空間。

3. 若是委託房仲業者協助購屋，因大型房仲公司會有搭配合作的銀行業者，提供的貸款條件通常會比自己去找陌生的銀行業者來得優惠，也不易受騙。

表 3-5　各類型房貸比較

名稱	一價到底房貸	利率遞減型房貸	階梯式房貸	固定房貸	壽險型房貸	循環額度房貸
定價基礎	取指標利率加碼固定利率，墓前2.05%起	依定儲指數浮動調整，前6個月1.69%起，第7個月起2.29%起遞減	依定儲利率浮動，前6個月1.5～2%，第7～24個月1.71～2.2%，～2.5%	採固定利率計價1.88～3.5%	多搭配指數型房貸～前2年利率可優惠0.1～0.2%不等	採定儲利率浮動計價，首年利率在2.8～4%
貸款額度	最高估價淨值80%	最高估價淨值85%	最高估價淨值85%	最高估價淨值80%	最高估價淨值85%	最高估價1,000萬元
申貸資格	具正常還款來源者					
利率加碼自動遞減公能	無	有	無	無	無	無
適用客戶	限信用良好的優質客戶	雙薪家庭或有固定還款來源者，對利率敏感度較高者，例如上班族、避險族	短期內還款能力有限者，如職場新鮮人、首購族	每月明確掌握支出負擔者，如上班族、避險族、投資客	保險額度不足者、家中經濟支柱者	資金需求、流量較大的短進短出者，如攤販、小生意或計劃性投資人
其他	費用依貸款金額的0.1%，最低5,000元	隨中華郵政2年期定儲機動利率機動調整，貸款期限最長30年	定儲指數每3個月調整1次，貸款期限最長30年	貸款期限最長20年	定儲指數每3個月調整1次，貸款期限最長30年	定儲指數每3個月調整1次，貸款期限最長30年

資料來源：蘋果日報

〔建議 6〕**個人財務狀況**

當心毀約沒收訂金，
體檢個人財務，還款才輕鬆！

　　阿美是個單親媽媽，好不容易辛苦存下一筆頭期款，也找到喜歡的房子了，但萬萬沒想到簽約後才發現銀行核貸成數不足，阿美手頭上的自備款根本不夠支付頭期款，在毫無辦法可想的情況下，她只好被迫違約，已付的 20 萬元訂金也被沒收，結局一場空讓阿美傷心不已。

　　買屋簽約後，才發現銀行核准的貸款成數不如預期，導致自備款不足而無法順利成交，這種狀況其實屢見不鮮，但這種悲劇是可以避免的。

🏠 房屋下訂前爭取加註，貸不成足夠成數可解約

　　目前雙北中古屋的貸款成數大約 7 ～ 8 成，其他縣市則是 6 ～ 8 成不等。因此民眾簽約購屋之前，最好先請打算申貸的銀行幫忙評估該屋的可以申貸額度，一方面也衡量自己的信用狀況，尤其是簽訂購屋斡旋書時，一定要在契約內加註：「萬一銀行貸款成數不足時，該契約無條件解約」，將此條款於買賣雙方議價時，明確載明在斡旋書或要約書上，簽約時則當作附約，加註於不動產買賣契約書內，萬一屆時銀行無法核貸足夠成數時，買方違約不

買時可依此為依據，避免被沒收全額訂金，來確保自身權益。（但可惜的是，實務上大多數屋主並不會同意加註此條款。）

只是湊足頭期款還不夠，契稅、規費等支出也不少

此外，買房子固然可以跟銀行貸款來支付大部份的款項，但別忘了最好還要預留一筆費用，像是買屋過程中衍生的契稅、印花稅、登記規費、代書費等相關稅費，以及搬家費、裝潢及仲介服務費等開銷，這些錢林林總總加起來，恐怕也要幾十萬甚至上百萬元。因此，只湊足了購屋的頭期款是不夠的，最好身邊還要多留一筆現金，以因應這些開銷。

買房跟買車一樣，除了買得起之外還要養得起。換言之，想買屋，除了看房價高低，一定要先評估自己償還房貸的能力，尤其是上班族，收入來源主要是工作薪資，因此最好透過月薪多寡來計算房貸負擔率，就可得知應準備多少自備款，每月可負擔多少房貸，以及可負擔多少總價的房子？

每月房貸支出，最多不要超過家庭總收入的 4 ～ 5 成金額

總之，購屋之前，一定要預估自己未來每個月可以負擔的房貸，也就是要繳給銀行的利息與本金，是否尚在自己可負擔的範圍內，並以此金額來估算有能力買下多少錢的房子。一般建議一個家庭每個月花費在「住」方面的開銷，最好控制在家庭收入的 40% ～ 50%（台北）。換句話說，如果夫妻兩人每月收入的總額為 80,000 元，則每月所能負擔的房貸就是 32,000 ～ 40,000 元，如此一來可避免為支付房貸，而壓縮到其他生活費用，犧牲了應有的生活品質。而以貸款 30 年，房貸利率 1.8% 計算月付房貸 28,800 元，則夫妻倆可買到的房屋金額為自備款 200 萬元＋房貸金額 800

萬元 =1000 萬元。所以購屋者在購屋之前,一定要做好財務規畫,尤其是對於許多不確定的因素,例如:利率調升、萬一失業生病或一方沒有工作等,都是應該列入考慮的因素之一,以免落得繳不起房貸,房子被法拍的窘境。

預做資金考量,財務桿槓別放過大

一般建議,每月房貸約占薪水的 3 ～ 4 成,但因台灣北部房價較高,建議可放寬到 4 ～ 5 成。舉例來說,若是月薪 40K 的上班族,每個月房貸金額不應超過 16,000 元,若是雙薪家庭每月總收入 90K,則每月房貸最好不要超過 36,000 萬元,以此類推。

算出每月可負擔的貸款金額之後,再透過銀行或房仲網站的貸款試算網頁,來回推可負擔房價,再加計兩成的自備款,就是可購買的房屋總價。舉例來說,若貸款 300 萬元,20 年本息平均攤還,利率水準 1.8%,則每月房貸負擔為 14,894 元,較符合月薪 40,000 元單身族的負擔能力,再加計約 2 成自備款 75 萬,則可負擔房價為 375 萬元(參看表 3-6)。

表 3-6　假設貸款利率 1.8%,每月本息攤還金額和少繳金額

貸款總額	貸款 20 年	貸款 30 年	少繳金額／月
300 萬元	14,894 元	10,791 元	4,103 元
400 萬元	19,859 元	14,388 元	5,471 元
500 萬元	24,823 元	17,985 元	6,838 元
600 萬元	29,788 元	21,582 元	8,206 元
800 萬元	39,717 元	28,776 元	10,941 元
1,000 萬元	49,647 元	35,970 元	13,677 元

　　若是每個月可負擔房貸在 30,000 ～ 50,000 元的雙薪小夫妻，則貸款金額則可拉高至 600 萬～ 1,000 萬元左右，再加計約 2 成自備款 150~250 萬，則可負擔房價約 750 ～ 1,250 萬元。擔心每月房貸負擔率仍太高，排擠到其他的生活費用支出，也可將貸款期限拉長為 30 年，如此一來，每月房貸負擔就可減輕許多，但相對的，付出的房貸利息也將增加，建議若有額外的獎金或紅利收入，不妨可先做部分還款，以減少整體房貸本息的支出。另外也還得考慮萬一利率升息的風險，例如貸款 500 萬元，利率升高 1%，每月就得多繳 2,400 元，這部分也要一舉列入風險考量，預作資金準備。

 倩宜姊姊的買屋小叮嚀

Q：我的月薪 40,000 元，能買多少錢的房子？

A：房貸負擔率的定義是：房貸款月攤還額／月可支配所得，利用簡單的五個步驟，教您算出購屋預算：

步驟 1：計算每月（個人或家戶）收入（例如：新台幣 40,000 元）

步驟 2：計算每月房貸支出（40,000 X 40% = 16,000 元）

步驟 3：房貸利率設定（假設 1.8%）

步驟 4：回推房貸總額（各銀行、房仲房貸試算網頁，找出每月房貸支出 16,000 元時，總房貸金額是多少，通常設定為 20 年期房貸，貸 20 年，可貸金額為 320 萬；貸 30 年，可貸金額提高至 440 萬元）

步驟 5：購屋預算（房貸總額加自備款）

〔建議 7〕「五好」心法

我是「負二代」，
37 歲擁有 30 間套房在收租！

　　37 歲的 Ric 天生一副娃娃臉，常被誤以為是大學生，豈知他根本就是個不折不扣的包租公。

　　自稱「負二代」的他，沒有富爸媽在背後支持，研究所畢業後第一份工作在律師事務所當法務助理，月薪是 30K 多一些，他選擇寄居在台北表姐家的小書房兩年，扣掉給爸媽的家用及勞健保後，靠著自己下廚開伙，降低消費欲望，每月想辦法存下 10,000 元。結婚後與太太小萍持續省吃儉用，轉職搬到中壢租屋 3 年，終於努力存到 150 萬元的自備款，短短 10 年內陸續買進 3 間透天厝，在桃園中壢擁有 30 間套房，光房租收入每月達 16 萬元。

　　別人買屋都是自住優先，Ric 首購卻是先買下中原大學附近的透天厝，並隔成多間套房收租。原來長年當房東，讓房客幫忙付房貸的表姊讓他深受啟蒙，他決定如法炮製，放棄先買房自住，精打細算的他估算，若每間套房月收 5,000 元，三層樓的透天厝最多能隔出 11 間套房，月入達 55,000 元，年收就有 66 萬元，投報率高達 7.5%，扣除房貸 25,000 元，還能淨賺 30,000 元，等於幫自己每個月加薪 30,000 元。Ric 只留下一間套房自住，其他 10 間全數租出，從此展開業餘包租公的生涯。

　　當了 3 年的包租公，有房客幫忙還房貸，加上本業年年調薪，錢滾錢之下 Ric 累積財富的速度更加快許多，很快地他又加碼買第 2 間甚至第 3 間透天厝。2013 年他在附近買下第 2 間，總價 760 萬元的透天厝，並且改建為 9 間套房，2017 年則花 900 萬元買下第 3 間透天厝，這麼一來 Ric 手上已有 30 間套房，扣除房貸支出，每月尚有 6 萬元的淨收入，雖然得利用假日及下班時間做管理，換燈泡、帶看房客、刷油漆、清掃全都自己來，但他甘之如飴。

　　預期再過幾年，Ric 和小萍這對胼手胝足、努力打拼的小資夫妻，就能再存下一筆自備款買第 4 棟房子，Ric 說這回是要買一家四口自己住的房子了，畢竟小孩慢慢長大，小套房已經不敷使用。誰說買房一定要有富爸爸支持，Ric 的例子證明，只要靠著勤勞的手腳，白手起家的小資夫妻也能變身成為人生勝利組！

善用「五好」心法，負二代滾出 30 間套房

　　看完上面這個例子，你有什麼感想？主人翁 Ric 和你我一樣都是普通上班族，為什麼他 30 幾歲就能掙出 30 間套房的身家，每個月除了薪俸，還有 6 萬元的淨收入，這樣的際遇著實令人稱羨。但其實深究箇中緣由，除了他自身的勤勉努力及大膽投入房市的勇氣之外，靈活運用財務槓桿以房養房，讓房客幫忙付房貸，更是致勝重點，此外，最主要的關鍵就在於他買房的眼光十分精準，也就是妥善運用「五好」的買房心法！

　　到底是哪「五好」的買房心法呢？ Ric 提到買房最關鍵的因素在於「好地段」，現在當包租公風險不小，尤其中壢租屋市場飽和，競爭相對激烈，

若是空租期拉長，就會嚴重影響資金流。因此，Ric 買房會先觀察該地區是否擁有眾多的就業人口且生活機能成熟，中原大學商圈不僅生活機能完善，小吃及商店林立，距離中壢工業區僅 3 分鐘車程，堪稱風險少又保值的投資地點。

再者，該商圈同時擁有龐大的就學及就業人口，未來房子轉手容易，具有「好轉手」的條件。其次是「好出租」，大學生及上班族兩大族群，居住需求高，出租不成問題。另外則是「好屋況」，Ric 買房注重房子格局方正，採光及通風良好，只需稍加整理即可入住。

最後的一好也非常重要，就是買屋人的「信用要好」，Ric 在大公司上班，薪資優渥且還款能力良好，是銀行眼中的 A 咖。因此平時厚植自己的職場專業，每年得以隨著職位提升，逐步調薪也很重要。銀行在核貸時，除了評估房屋的本身條件之外，申貸人是否擁有穩定的薪資、在有品牌的企業工作，是否無卡債且擁有良好的償債能力等，都是晉身房市贏家不可或缺的買房必勝心法！

〔建議 8〕風水

風水煞氣好恐怖，精選風生水起好運屋！

　　阿云自從搬新家之後，不僅老公經營的小生意每況愈下，自己的身體也頻頻出狀況，念國中的孩子更是學業不見起色，甚至開始叛逆跟父母唱反調，跟以往乖巧的模樣大相逕庭。

　　直到某天，有個懂風水的朋友來家裡拜訪，發現她家中風水格局確實不佳，不僅一進門就看到對面鄰居的水塔，家裡雜物更是堆積如山，廚房格局也是問題多多，煞氣之重可說是內外交迫……。

　　很多人都會有這樣的疑惑，明明就是一間漂漂亮亮的房子，為何賣了好久還是乏人問津？就算真的有人買下並住進去了，也是住沒多久就又高掛售屋廣告……。

　　大家可千萬別被華麗的裝潢所迷惑，裝潢除了可以掩蓋房子潛藏的屋況問題之外，還會暗藏房子先天具備的風水煞氣，而這些煞氣也可能會影響全家人的運勢及健康，不可不慎。像是最常見的路沖，若看屋時發現，房子大門正對著大於或與門同寬的馬路，即稱為「路沖」，容易造成血光意外、破財等，這時可在大門前擺放一排盆栽或大型屏風，藉以緩衝煞氣。

風水並非迷信，風水學也是一門居家心理學、藝術學及健康學，若注重風水，房子採光、通風良好之外，居家動線、擺設也秉持美觀、方便且順暢的原則，除了不易對人身安全造成威脅，也不易對身體及心理形成負面影響。

有形就有影響，外在煞氣不可不慎

　　大都市因為人口稠密，常見的還有「壁刀煞」，意即房屋正門或落地窗，正對對面房屋的外壁圍牆，導致對角直沖住家；另住家正對面有兩棟大樓相隔很近，中間有狹長縫隙正對著自家，就是俗稱的「天斬煞」，和「壁刀煞」一樣，容易造成出外遠行有血光之災，影響家運。若住家窗外或大門一眼可看到電線桿或樹幹，也是不好的煞氣，稱作「柱刀煞」，易造成刀傷等不良影響。

　　「反弓煞」也是外在風水上較強的煞氣，如果住家是位於道路、高架橋、河川等半月形凸出的地方，容易造成諸事不順，甚至有血光之災，須掛九宮八卦鏡等避煞用品以化煞；相對的，若住家是被半月形凹入的地方，也就是所謂的「玉帶環腰」，反而是好風水，代表官運亨通、財源滾滾。不過，住家前方若是高架橋、鐵道或捷運，車潮日夜川流不息，導致強烈風速與氣流灌進家中形成「風煞」及「音煞」，長久下來會影響家人睡眠、精神衰弱等狀況，更易引發慢性疾病、憂鬱等疾病，建議屋主可加裝氣密窗來阻隔噪音，亦可找風水師擺開運品來化煞。

　　另外，買房子還要注意不要買周邊都是高樓，只有自己是矮樓的房子，這種「矮人房也意味著事業、考運及財運不佳，主人較難出頭。「藥罐煞」則從自家門或窗戶，看到鄰居屋頂的水塔，就像經常看到藥罐子，容易造成

屋主生病等問題；若頂樓地板出現裂痕漏水，不修繕處理，易影響長輩健康，出現腦神經衰弱等情況。而住家若位於化工廠、焚化爐、養雞場、硫磺、臭水溝、菜市場及夜市旁，常有不好的味道飄進門也屬於壞風水，除了危害健康，還會破財，也要特別留意，建議可在住家迎風處裝上松木板或種植盆栽來阻隔，亦可在家中使用空氣清淨機來消除異味。

內部格局整齊明亮，有助提升運勢

除了外在大環境的風水，房子內部的風水也不能疏忽。像是格局不方正的缺角屋，容易影響居住者的健康與衍生漏財問題。此外，風水講求明廳暗房，採光、通風好的客廳，居住其中有助於事業與健康，更關係著家人感情是否和睦。臥房則不可太過光亮，在外易犯小人，夫妻情感也較難維繫。至於房子的大樑則是主要的煞氣來源，盡量不要把床鋪、沙發、書桌及爐灶，置放在大樑底下，容易造成精神衰弱等健康問題。前陽台象徵男主人的事業舞台，又可保留採光及通風，盡量不要打掉外推成室內空間。後陽台則象徵後代子孫的舞台，要保持整齊明亮，有利於子孫的讀書及運勢。

而廚房一向被視為財庫，也有油煙問題，風水更是馬虎不得，除了爐灶不宜設在窗戶旁邊，爐灶正對面也不要放冰箱，以避免水火沖煞氣，廚房入口最好設有門。廁所若正對房間、大門及廚房，除了容易造成漏財，也會嚴重影響健康，若無法避開，最好用長度過膝的門簾遮擋，藉以降低對居住者的影響。

住得安心、開心，就是好風水

風水講究藏風納氣，裡頭的學問既多且淵博，好風水不僅住得舒服且安心，還能讓運勢強強滾，然而風水的考量，最終是以安全為主，雖然並非得要仰賴開運或避煞物，才能有好風水。但想要住得開心且好運旺旺來，除了求助風水專家之外，居家環境最重要仍應具備通風、採光、保溫、安全等必要的基本功能，整體擺設及動線講求流暢、安全，才不會造成家人容易跌倒、受傷，空間維持寬敞舒適，不任意堆積雜物生灰塵、細菌。

總之，所謂風水其實就是泛指我們生活的環境是否安全舒適，如果居住環境舒適且美觀，自然就是好風水！

包租公爽爽當之懶人包

錢放銀行利率低，不想讓通膨吃掉辛苦存下來的血汗錢，當個包租公（婆）擁有固定的被動收入，是不少人的夢想，也有上班族退休後改當專職房東，讓啞巴兒子幫忙賺生活費。但包租公看似愜意，其實沒有想像中簡單，但您知道，怎麼讓房子好出租？如何挑到好房客？學問可真不少喔。

祕訣一：掌握「四好、一公道」要訣，買房快狠準

買房出租最重要的在於「好地段」，最好鄰近大學、百貨、辦公商圈及捷運站，這些區域生活機能完善，小吃及商店林立，是風險較少又相對保值的投資地點。人口多也意味著未來房子轉手容易，具有「好轉手」的條件。其次要「好出租」，居住需求高，出租不成問題。另外是「好屋況」，房子須格局方正，採光及通風良好。並考慮房價是否「公道」，除內政部實價登陸網站可查詢成交行情外，也可參考各家房仲網，避免房子買貴了。

祕訣二：中古屋雖經濟，地雷物件要挑剔

買中古屋雖然房價較新屋便宜，且使用空間大，但儘量別找屋齡逾 40 年以上的房子，否則水電管線老化易有安全疑慮；其次，儘量找沒有重新粉刷的房子，因外牆、陽台女兒牆、窗台周邊恐因重新粉刷，掩蓋曾漏水、樑柱裂縫或壁癌的痕跡；並避開頂樓，除了冬冷夏熱，容易發生滲漏水問題，且樓層高，房客流動率也會比較高。

祕訣三：裝潢、設備大升級，分租套房最熱門

以前的房東大多整層出租或以三房兩廳分租，裝潢成本較少，但因屋況陽春，較難提升租金水準，房客水準參差不齊。近幾年台灣年輕人偏好套房，不想跟其他人共用空間，因此出現很多分隔套房。不少屋主將原始格局打掉，改造成分隔小套房，房間裡洗衣機、電視、冰箱、冷氣及獨立衛浴等一應俱全，只要一皮箱就能入住，最受租屋族歡迎，平均每間造價從 10 幾萬元到 30 幾萬元不等，但因隔間多或施工問題，最好先找結構技師、建築師鑑定，避免動到主體牆面而影響房屋載重，時間較久或遇到地震，可能會發生牆面龜裂的情形。裝修前最好跟主管機關申請室內裝修許可，才是合法的裝修！

祕訣四：照片、屋況說仔細，上網招租真 easy

下一步就是上網招租，「591租屋網」是目前台灣最大的租屋網站，幾百元刊登費就可刊登廣告。招租文案應清楚列舉：交通、生活機能、採光、居家安全、提供那些家電家具等設備。若對訂價沒把握，不妨參考其他同區物件的租金行情，以訂出合理的租屋價格。同時提供多張畫面清晰、美輪美奐且能充分展現房間優點的照片，搭配如「南歐風溫馨套房」、「北歐粉領最愛小築」等吸引人的標題，不僅可大幅提升物件的點閱率，也加速成功出租的機會，縮短空置期。要注意的是，若不開放飼養寵物、不租給吸菸族等，應清楚敘明，以免不符條件的房客白跑一趟，浪費彼此時間。

祕訣五：屋況優質租金高，租客穩定又持續

屋況好的房子會對應較高租金，可吸引經濟能力較好的人承租；相對的，屋況差的物件就得降價求租，較可能遇到工作不穩定的房客，而遇到短收甚至收不到房租的窘境，建議最好提升租屋品質，在房子裝潢與附加設備上多用心思，注意屋況維護，創造安全且優質的租屋環境，就有機會提升租金，坐收穩定的現金流。

祕訣六：面談過濾如相親，篩選房客才安心

想避免遇到惡房客，事前篩選過濾很重要，與房客面談時可進行簡單的身家調查，詢問其租屋需求和職業，同時瞭解其生活習慣，多做一層過濾！

祕訣七：包租公有「三勤」，管理房客好愜意

房客住久了難免來來去去，若要縮短空置期，房東要「勤帶看」，採取密集帶看除可減少來回奔波，也可塑造物件搶手的景象，讓房客及早做決定。其次是「勤維護」，遇房客反映家電或屋況有問題，要立即處理，房客及自身財產安全才有保障。最後是「勤管理」，水電瓦斯支出要清楚掌握，定期了解每月房租入帳情形，一旦房客遲繳就要進行了解，避免其拖延或不付房租。現在社群軟體十分便利，最好把房客建立群組，除方便管理外，所有往來文字都可留下憑證，萬一發生租屋糾紛時，也能保障自身權益！

CH4

換屋篇

若是口袋夠深，自然不用擔心自備款、貸款額度甚至是裝潢費用的問題，但可惜的是現代人老是擺不平「住」的問題啊，沒錢買第一間房子的人徒呼負負，而目前有房卻因為各種因素必須換（大一點的）房的人，卻是算來算去少一筆錢可用……

該怎麼辦才好呢？究竟是先買再賣比較划算？還是先賣再買比較不浪費時間？

〔提醒 1〕**先買再賣 or 先賣再買？**
房子也有 7 年之癢，你為何想換屋？

　　Michael 最近想換屋，因為孩子已屆學齡期，原本買的小套房已經不敷一家三口使用，夫妻倆想給兒子一個獨立的房間。不過房子到底該先買後賣，還是先賣再買？讓 Michael 傷透腦筋，由於房貸「第二戶貸款成數降低」的管制已於 2016 年 3 月解禁，央行廢除台北市所有行政區及新北市 15 個行政區的第二屋貸款最高貸款成數 6 成限制，因此先買再賣不成問題。若是先賣再買，則全家人該落腳何處，光想到要搬家好幾次，就讓他頭痛不已。

　　所謂的換屋族，通常是因為對於房子本身，或住宅環境的需求改變，如大換小、小換大、舊換新、遠換近、換工作或小孩就學等因素。大多數換屋族會選擇先買後賣，因為買房子不像買菜，想買房子必須慢慢看，還要等過戶及裝潢時間，最快也要半年才能裝潢好入住。如果是先賣後買，中間的時間差必須租屋，租屋加上搬家費用，還要多花一筆，不過先賣後買的話，民眾因為賣屋而有一筆資金，通常手頭較寬裕，自備款也較足夠，可以選擇較符合理想的房子。

　　換屋說穿了真的沒有那麼難，筆者建議應該先審視自己的經濟狀況，再做決定。若像劇中人物 Micheal 一樣，是屬於經濟無虞的閒錢一族，那麼我

建議選擇「先買後賣」，若他手頭緊、急需用錢，最好是「先賣後買」，以減輕經濟負擔（參看表 4-1）。

表 4-1　先買再賣 VS. 先賣再買

	先買後賣	先賣後買
適合對象	自備款充裕者	自備款不足者
優點	・看屋時間充裕，不用擔心賤價求售。 ・不用擔心房屋賣掉後仍未找新屋，搬二次家的困擾。	增加買屋資金，以利買屋進行。
缺點	資金的調度上會有較大的壓力，需要另外籌措一筆自備款，且若原來的房子仍有貸款而無法在短時間內賣掉，就必須背負兩個房貸的壓力。	當原來房子賣掉之後，可能必須租屋做為暫時居所，等找到房子後再搬，此時將多增加租金及負擔二次的搬家費用。
操作策略	・對財務壓力較重的屋主提出降價要求，減少買屋支出。 ・用心整理居家環境，美化賣相，提高房屋出售價格。	・賣屋時提高買方的自備款給付金額，並與買方商議延長交屋時間。售屋價金暫時存入定存，勿挪做其他用途。 ・與新購房屋之屋主商議減少自備款成數及較快的交屋時間，或取得屋主同意「借屋裝修」。 ・對資金需求不大的屋主（如貸款餘額較低、財富較佳、餘屋出售等）提出較低自備款的要求。 ・優先購置不必重新裝潢或改格局即可進駐的房屋。 ・亦可交屋後，賣方向買方售後回租，一來屋主可盡快取得賣屋款項，用此資金再去選購新屋；二來屋主也不用搬兩次家。

資料來源：信義房屋網站

資金充裕的人，適合「先買後賣」

一般來說，「先買後賣」較適合資金充裕的人，就是先看好喜歡的房子並買下來，等完成交屋手續並搬進去一切安置妥當後，再將原來的房子賣掉。若原屋貸款已經繳清，沒有資金壓迫性的，就可考慮「先買後賣」，甚至將原屋出租賺租金，等到日後房價增值再賣，獲利更高。優點是售屋時間充裕，不用擔心降價求售的問題，且不用擔心房屋賣掉後仍未找到新屋，還要搬兩次家的困擾。缺點則是資金調度上會有較大的壓力，因需另外籌措一筆自備款，且若原來的房子仍有貸款而無法在短時間內賣掉，還須背負兩個房貸的壓力。

選擇「先買後賣」，雖賣方有段時間得同時付上兩間房子的貸款，還款壓力較大，但因無時間緊迫的壓力，待售的舊屋可先裝修整理一番，較容易賣到好價錢，適合資金充裕的換屋族，且建議在買進第 2 間屋的同時，應向銀行爭取有寬限期的房貸，亦可降低舊屋未賣出期間的還款壓力。

先賣再買，舊屋回租，兩全其美

反之，若不想背負龐大房貸壓力，決定「先賣再買」，卻又擔心不容易找到適合的新房子，這樣也可跟買方商量，若買方不急著交屋搬新家，房子賣出後不妨與買方協商售後回租，向買方承租原來的舊屋，再利用這段緩衝期積極看屋，努力找尋理想的新房，除可避免 2 次搬家的麻煩，更可省下 1 筆搬家費，新買主也可賺到房租收入，不妨一試。即使後來買到新房子，亦可向賣方提出借屋裝修的要求，如此一來可減少裝潢時間，也不失為節省租屋費用的好方法。

另外，「先賣再買」適合資金較不足的人，如果手頭資金不寬裕，實在籌不出另一筆購屋資金，則必須「先賣後買」，將原來的房子先賣掉變現之後，再用這筆錢另外購置一棟房子。優點是可以爭取較多資金應付換屋自備款，以利買屋進行。缺點則是原來住的房子賣掉之後，銜接期間會有租屋需求，等找到房子後再搬，等於增加房租支出及負擔兩次的搬家費用。建議如果打算「先賣後買」，又擔心要另外租屋，可以考慮跟買方協調，以補貼租金的方式，請買方暫緩交屋，爭取多一點後續購屋的時間，較不會因為時間壓力倉促買房。

另外，還有一點要格外注意的是，如果目前居住的舊屋屬於地點較偏遠或屋況較差、較難轉手的物件，則建議應「先賣再買」，由於在房市較冷的時期，售屋期可能會拉長，為避免房子賣不掉時，新、舊屋的貸款壓力接踵而來，最好「先賣再買」，以避免手頭過於吃緊。若房子位在市區精華地段，則建議「先買後賣」，畢竟位於精華地段的物件，轉手較容易，承接的壓力也較小。

後來買的房子價格較高，就可申請「重購退稅」

但不管是「先買後賣」或「先賣再買」，只要買價超過原出售價格（例如：小換大、舊換新），就可申請「重購退稅」。換屋族在完成移轉登記日起 2 年內，買賣自住用的住宅，即可享有重購退稅的優惠，若買價超過原出售價格，就可在房子完成移轉登記之年度，依法申請退還原本繳交的「財產交易所得稅」和「土地增值稅」（註 1）。但提醒民眾，重購後 5 年內須作為自用住宅，且要登記戶籍，不能改變用途、出租他人或遷出戶籍，也不可以移

轉他人，否則會被追繳退還的稅額！若為了房貸問題，而將重購的第 2 間屋置於其他家人名下，亦無法享有退稅優惠喔（參看表 4-2、表 4-3）。

表 4-2　自用住宅重購退稅優惠

退稅條件		退稅範圍	
自用住宅		綜合所得稅	土地增值稅
要件	・面積 ・用途	房屋不限自用	・土地 ・都市：3 公畝 ・非都市：7 公畝 ・自用
	持有房屋數	不限	不限
可使用次數		不限多次	不限多次
新舊房屋價格（值）		新屋 > 舊屋	新購土地 > 出售土地
新舊房屋所有權人		不限原所有權人	均須為同一所有權人

資料來源：財政部

表 4-3　重購退稅小整理

土地增值稅	買屋的土地現值 + 土增稅 - 賣屋的土地增值 = 退稅金額（最高不超過土增稅）
財產交易稅	買屋的房屋現值 > 賣屋的房屋現值 = 扣抵或退回財產交易稅
房地合一稅	買大賣小 = 全額退 買小賣大 = 按比例退

倩宜姊姊的換屋小叮嚀

Q：符合重購自用住宅退稅的條件有哪些？

A：

· 不論先買後賣或先賣後買，土地買賣須於 2 年間完成。

· 重購土地地價應大於出售土地地價。

· 所有權人須為同一人。

· 兩地地上屋，須為土地所有權人、配偶或直系親屬所有，且須登記戶籍。

· 出售前 1 年，不得有營業使用或出租行為。

· 購入後 5 年內，不得轉移，變更用途或營業使用。

· 都市土地不超過 3 公畝（90.75 坪），非都市土地不超過 7 公畝（211.75 坪）。

備註　　新買房屋的土地移轉現值總額，必須超過賣舊屋的移轉現值總額扣除所繳納土地增值稅後有餘額，才能申請土地增值稅退稅。

〔提醒 2〕別墅不是遙不可及的夢

不做都更夢，從市區公寓換到郊區別墅

　　小劉夫妻，兩人目前年紀都在 50 歲上下，育有一對還在念書的子女，早年買下一棟大安區屋齡 40 年、坪數 35 坪的中古屋，原本期待建商來談都更，就可以換到有電梯的新大樓，隨著都更案破局新聞一再爆出，遂對都更不再抱有期望，且房子舊了畢竟問題多，漏水、壁癌逐漸浮現。

　　目前，兩人從上班族成為自行創業的 SOHO 族之後，時間變得彈性，不用受限於上下班通勤的限制，更厭倦了每天看到鄰居後陽台的侷促視野，索性賣掉這棟精華區的老公寓，不須貸款一毛錢，就輕鬆換到新店有天有地的山間小別墅，擁有自己的獨立空間與花園，讓夫妻倆滿意極了。

　　現代人大多居住在狹窄的都市叢林，人口密度高，住家大樓緊密排列，遂有不少人開始嚮往鄉下寬敞的住宅環境，可以享受寬敞的前庭後院，因此愈來愈多人渴望擁有有天有地的獨棟別墅。可惜北部地小人稠，土地價格高，透天別墅不是奇貨可居，就是房價不菲，早年更是有錢人的專利，但隨著時代演變，不少都會區興起較為平價的透天別墅，北部近郊也出現許多總價千萬的透天別墅，一般民眾擁有別墅產品，早已不是遙不可及的夢想。

　　縱觀整個大台北地區，像是台北市的內湖四、五期、北投陽明山、文山

區政大二期及新店大台北華城，都有為數不少的透天別墅群，其中又以總價 2,000～5,000 萬元左右的透天別墅最受歡迎。

都更夢破滅，老公寓由紅翻黑

近幾年房地產市場不景氣，台北市的都更案屢傳波折，再加上都更整合宛如漫漫長路，文林苑事件後，民眾對老屋重建普遍信心度不足，火熱的都更夢碎，老屋日漸缺乏吸引力，建商們更是談都更色變，導致台北市老屋交易價量持續下滑。

依據台北市實價登錄資料顯示，統計屋齡 30 年以上的房屋交易數量發現，2014~2016 年台北市老屋價量變化呈現一路下滑，全市老屋平均降價 7.6％，跌幅較重的是老舊公寓，成交量下滑 3 成。從台北市實價登錄的統計資料更發現，近 3 年來老屋交易量掉了 30.4％。

棄守市中心精華區，用增值的錢轉進郊區別墅

但由於老舊公寓大多位於台北市精華地區，部分早期購買且長期持有的屋主，因近幾年房價已增值不少，再加上對都更不再抱有期望，有些人乾脆棄守市中心，轉進市郊別墅，以享受有天有地的居家生活。

根據台北市政府對別墅的定義為：

（1）面積兩百平方公尺以上。
（2）獨院式或雙拼式建物。
（3）房屋空地面積為第一層建築面積 1.5 倍以上，屋外有游泳池，或是假山、池閣、花園、草坪任一種。

145

🏠 從平價到豪奢，別墅產品選擇多元

台北市有內湖、天母、北投及陽明山等別墅聚落，新北市則有汐止金龍湖、新店知名的大台北華城、青山鎮以及台北小城等，不少社區都規劃為別墅產品，每坪單價從平價 3 字頭到 8 字頭的豪華大別墅皆有，在房市普遍不景氣之中，價格仍頗有支撐。對於退休族或層峰人士來說，除了能買到別墅外，還能享有湖泊與步道的美景，深受許多名人雅士的喜愛！

以知名社區「大台北華城」為例，位於新店山區，區內青山環繞、環境優美，到信義區或敦南商圈僅需 20 分鐘車程，社區警衛管理森嚴，加上區內有知名康橋雙語學校，且享有隱密性高的優勢，也有便利商店與多家餐廳，山下則有碧潭商圈，而社區巴士尖峰時段 30 分鐘一班，提供居民接駁捷運通勤，生活機能成熟，吸引不少明星、名人及企業家入住。近年，有不少知名建商紛紛進駐推案，總價從 6,000 萬元到上億元都有，是目前大台北密度最高的別墅聚落，總價從 3,000 ～ 8,000 萬元不等。

🏠 坐看雲起好愜意，打卡通勤傷腦筋

新店安坑地區也有不少別墅型社區，社區門口有公車站，訴求低總價 1,000 ～ 2,000 萬元起即可享有獨立的私人別墅。對自備款不多、口袋不深的小資首購族或換屋族來說，賣掉原本的侷促老公寓，就可換到看山看水的獨立小別墅，並有自家花園庭院，實際使用空間比舊屋大上許多，相較台北市屋齡老舊卻又動輒 3,000 萬元起跳的房子，也難怪愈來愈多人寧可放棄一夜致富的都更夢，也要開始轉投坐擁青山白雲的透天別墅懷抱（參看表 4-4）！

表 4-4　大台北主要別墅聚落比一比

新店安坑別墅區
單價：25 ～ 45 萬元／坪
車程：30 ～ 40 分鐘

內湖五期重劃區別墅
單價：80 ～ 90 萬元／坪
車程：10 分鐘

新店青山鎮別墅區
單價：60 ～ 90 萬元／坪
車程：35 分鐘

陽明山別墅
單價：90 ～ 120 萬元／坪
車程：30 ～ 40 分鐘

台北市中心

大台北華城別墅區
單價：60 ～ 100 萬元／坪
車程：45 分鐘

北投別墅區
單價：80 ～ 90 萬元／坪
車程：30 分鐘

基隆長庚別墅生活圈
單價：20 ～ 30 萬元／坪
車程：20 分鐘

文山政大二期別墅區
單價：35 ～ 50 萬元／坪
車程：20 分鐘

　　但凡事不可能只看一面，若真要論起透天別墅的不便之處，可列舉的缺點其實也不少，像是偌大的使用空間，光是打掃清潔就是很讓人頭疼的問題，因為整個樓地板加上土地面積是非常大的，如果還有庭院，更要經常花費工夫進行修剪整理。而且別墅一般都是位處較偏遠的郊區或山區，大多缺乏捷運等大眾運輸工具，頂多仰賴班次不多的社區巴士或公車接駁；若社區較缺乏各類商店如小吃店及便利商店，大多需出門採買，若沒有車子代步，出入會十分不便，尤其對於上班族及學生來說，每天必須很早出門從郊區通勤到市區，才不至於遲到，容易有通勤時間較久及睡眠不足的問題。

　　另外，別墅常因為庭院寬廣或位於山邊、湖邊，除了綠色植物多，環境也較潮濕，最好定期請專業的園藝或清潔人員打掃、清理，否則容易衍生壁癌、發霉等問題，蚊蟲、野生動物也比較多。另外，像是社區採開放式規劃、公共設施較少，且需要相對嚴密的社區管理，以免閒雜人出入無人控管而衍生治安問題，通常也無代收郵件或垃圾，而且室內大多需要爬樓梯，對於年紀越來越大的老人家是非常不方便的，上述種種，都是在選擇別墅物件時，一定要考慮清楚的問題。

倩宜姊姊的換屋小叮嚀

Q：入主別墅是很多都市人的夢想，優點細說分明！

A：

- 土地持分大、擁有可自行處分的獨立土地產權。
- 使用空間大，周圍綠化環境較好。
- 具有獨立性、私密性，不需擔心受左鄰右舍干擾。
- 環境幽靜，居住品質較佳。
- 單價及總價通常較高，是不少預算充裕的換屋族首選。

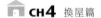

〔提醒 3〕退休金

以房養老不求人，堅決向下流老人說不！

政府推動年改，退休的軍公教人員往後每月可能少領 2、3 萬元，李伯伯就是其中一個收到退休金重算處分書的退休老師。有別於其他同事憂心，以後月退俸大減會影響生活品質，李伯伯卻氣定神閒，年輕時省吃儉用攢了一棟房子，好不容易現在房貸都繳清，生活倒也過得愜意。

在得知自己月退將減少之後，李伯伯遂把自己那棟價值 1,000 萬元左右的房產，辦理 30 年期以房養老，貸款 7 成，借了 700 萬元，以利率 2.5% 計算，李伯伯每月可領到貸款金約 20,000 元，雖然前 10 年每月要付點利息，這樣起碼補足少領的部分，生活品質不至於受到影響，也不需要跟兒子伸手拿生活費，若兒子想繼承那棟房子，則以後這些貸款就讓年輕人自己想辦法。

依內政部推估，預估到了 2025 年，台灣 65 歲以上人口所佔比例將達 20.1%，也就是 5 個人中就有 1 個人是年滿 65 歲以上的老年人口，台灣正式邁入超高齡社會。而為了解決越來越多老人在經濟安全上的需求，內政部從 2013 年起，開始推動所謂的「不動產逆向抵押制度」試辦方案，也就是俗稱的「以房養老」。

🏠 青壯族淪夾心族，要存退休金好難

然而根據調查，逾半青壯族在退休前恐怕連新台幣 50 萬元都存不到，因為他們上得奉養年邁雙親，下得負擔子女教育生活費，慘而淪為「夾心族」，若還有房貸要付，就更不容易存下退休金。據統計，目前台北市平均每人每月消費及非消費支出總額已近 35,000 元，若考慮通膨，退休後獨自 1 人要過 20 年「普通生活」，資金需求估算高達 1,220 萬元，這麼一來，恐有逾半的青壯族，退休後連普通生活都難以維持。

🏠 以房養老日益普遍，老人不必擔心窮得只剩房子

面對這樣的慘況，台灣各銀行自 2015 年起，陸續開辦以房養老貸款業務，目前推出以房養老專案的銀行已超過 11 家，包括台銀、土銀、合庫銀、台企銀、一銀、華南銀、中信銀、台新銀、上海商銀、兆豐銀等，申辦門檻也從 65 歲下修至 60 歲。台企銀、中信銀及台新銀推出的以房養老貸款則結合保險與信託機制，有別於政府推出的公益型以房養老方案，資格限制多而乏人問津。銀行版的以房養老貸款，貸款條件較寬鬆，自 2015 年開始截至 2017 年 9 月底，全國承作件數突破兩千件、核貸金額也破百億元。

「以房養老」是指銀行讓沒有固定收入的銀髮族，用自己名下的房子向銀行借錢，每個月可領取固定收入，以借款人的往生日為到期日，屆期償還本息，正式名稱叫做「不動產逆向抵押貸款」（Reverse Mortgage）。這種以房養老貸款，就像辦房貸一樣，只是把房子抵押給銀行，所有權及使用權還是借款人的，到期只要清償借款，房子就會回歸所有權人或繼承人。有屋族不必擔心退休後「窮得只剩下房子」，可活化自有不動產，獲得安養所需

的生活費，並在自己的房子內終老，過著有尊嚴、有品質的老年生活。不婚族或沒生子女的頂客族，更可選擇以房養老將資產充分運用，剩餘部分則可利用安養信託，有尊嚴地度過晚年生活。

　　各銀行推出的以房養老商品有不同的貸款方案，像是貸款本金的撥付方式，有的為按月定額撥付，也有結合信託及年金保險商品等方式給付將貸款拿去購買年金保險，以確保專款專用、保全資產，選擇十分多元。承辦以房養老的對象，部分銀行限制 60 歲以上，有些則要求 65 歲以上名下有房產，就可辦理 30 年期的以房養老貸款。若房產地段好，貸款成數最高可達 7 成，利率最低為 2.13%。

算給你聽，以房養老讓你不吃虧

　　目前有 11 家銀行與臺北市政府提供兩種不同性質的以房養老專案，做法就是把老人的自用房屋完成鑑價程序後，換成等值現金，平均攤提在一定的年限（10、20、30 年）內。這段期間銀行會每月固定給付一筆金額給老人，但也會從中扣除貸款利息，貸款利率最低為 2.13%。

　　我們舉個例子來計算，李伯伯的房子經鑑價後，價值新台幣 1,800 萬元，辦理 30 年期的以房養老貸款，經核准後貸款成數為 7 成：

　　（1）以房養老的額度為 1,260 萬元。（1,800 X 0.7=1,260）

　　（2）每個月銀行要支付李伯伯約新台幣 35,000 元。（30 年 X 12=360 個月），（1,260 萬分成 360 個月付，每個月約等於 35,000 元。）

（3）假設貸款利率為 2.3%。第 1 個月李伯伯需付 35,000 X 2.3% ＝ 805 元的利息，這筆利息銀行會從月給付中直接扣除。因此李伯伯第 1 個月實際拿到的金額為 34,195 元（35,000-805=34,195），隨著銀行撥付的貸款本金增加，每月需扣除的利息也會逐步增加

大多數銀行規定扣息金額上限為每月給付金額的 1 ／ 3，若利息金額超過上限（大約會落在 10 ～ 13 年間）時，李伯伯每月最低還能領到約新台幣 23,000 元的養老金，直到 30 年期滿為止。

貸款人若往生，繼承人可申請房貸「借新還舊」

至於貸款人往生之後，房子怎麼處理呢？通常銀行會請繼承人先清償借款，繼承人可選擇用自有資金或出售房子來償還貸款，或與銀行協商等繼承的房子過戶到繼承人名下後，由繼承人申請房貸「借新還舊」。若繼承人不願處理這筆以房養老貸款，則銀行才會向法院聲請拍賣房子，賣得的價金需先償還銀行借款，若有剩餘會歸還給繼承人，如不足以清償貸款，則銀行會繼續對借款人的其他財產進行追償。

臺北市政府推出的方案則近似於「公益型態」，老人的房子經鑑價後，由市政府按月撥付生活費至終老，原本享有的社會福利不受影響。契約終止後，繼承人可以償還市府每月支付的生活費，包含利息及其他支出，即可贖回房子，或由政府做最後信託管理。若未來市府拍賣房產，增值部分將依公式，市府、繼承人將以一定比例分配。民眾可以與商業型態的以房養老貸款比較看看，自己符合哪種申請資格，選擇對自己最有利的方案！

 房子區段好，後半輩子方可用房子養老

不過，筆者最後還是要提醒大家，「以房養老」仍有一個最大的限制，就是房子座落的「區段」問題。若是房子位於偏遠的市郊、重劃區，或是區段差、屋齡老舊的房子，銀行在鑑價時較為保守，導致鑑價金額不高，貸款人每月可領的生活費太低，就無法因應生活所需。換言之，年輕時買房還是盡量要朝市中心移動，選擇區位好、屋況佳的房子，才有機會實現「前半輩子養房子，後半輩子用房子養你」的退休夢。

 倩宜姊姊的換屋小叮嚀

Q：貸款人若過世，房子是否就歸銀行所有？

A：以房養老貸款就像一般房貸一樣，同樣是把房子抵押給銀行，所有權及使用權還是貸款人的。貸款人一旦過世，銀行會先請繼承人清償借款，繼承人可選擇用自行清償、或出售房子來償還貸款，或與銀行協商等房子過戶到繼承人名下後，由繼承人申請房貸「借新還舊」。若繼承人不願處理這筆以房養老貸款，則銀行會向法院聲請拍賣房子，拍賣所得的價金須先償還銀行借款。若有剩餘則會歸還繼承人，如價金不足清償，銀行就會對借款人的其他財產進行追償。

不跟兒媳同住，比鄰而居好愜意

Susan 下班後參加公司聚餐時一臉緊張，時不時看錶，一副擔心晚歸的樣子。原來她結婚後，另一半以孝順為由，要求她要跟公婆同住，這麼一住就是5 年。

原本 Susan 跟老一輩相處還算相安無事，但自從生下長孫以後，公婆搶著要帶金孫，這原本也是一件好事，但由於雙方對小孩的教養觀念落差頗大，難免就開始有摩擦出現了⋯⋯，且公婆也開始注意 Susan 外出時間太長，叨念她陪伴小孩的時間不夠，這些生活中的瑣事總讓 Susan 感覺自己毫無自由可言⋯⋯。

「結婚以後要跟公婆一起住嗎？」這是許多女性決定踏入婚姻前，想問另一半的重要問題。

很多人會說，現在房價太高，因為買不起房子，所以要跟公婆住。確實年輕小夫妻不一定有能力一開始都買房，但可依照能力所及去租房子，租房子容易多了，主要是因為新婚小夫妻，觀念、習慣都還在磨合期，共創家庭初期最好有真正屬於自己的空間，而不是寄人籬下，甚或還要跟公婆甚至小姑小叔共享空間，對於經營兩人關係會較為吃力。尤其生小孩之後，更容易

跟長輩有教養觀念不同的問題，容易為了教養問題發生不愉快的衝突，更不應住在一起增加摩擦的機會。

現在許多年輕夫妻都是這樣的例子，倆人都在上班，住家距離公婆家只有一條街的遠近，兒子每天帶著老婆和孩子回家吃晚飯，為的就是讓爸媽天天可以含飴弄孫，更可節省保母費，讓他們得以專心上班。偶爾想臨時約個小會，孩子就託給爸媽照顧，萬一臨時加班晚了，來不及去幼兒園接小孩，也請爸媽代勞跑腿一下，兩家人多年來相處平安無事，維持著和樂融融的相處關係。

婆媳同住問題多，比鄰而居相處更自在

由於年輕人低薪問題多年來未見改善，為兼顧高齡父母和幼兒托育，不少人只得選擇和父母「同住一個屋簷下」，兩代容易因相處及子女教養問題產生衝突。因此，也有愈來愈多年輕夫妻選擇與父母「比鄰而居」，改為住在同一層社區、同一棟大樓或同一條街上，保持「有點黏又不會太黏」的親密關係，既照顧得到彼此也不會互相干擾。因此，一層買兩戶、同社區買兩戶，成為不少男性解決婆媳問題的中間值。

2017 年的日劇《房仲女王》，就有一集女主角替劇中兩代同堂的家庭找了間「二代宅」，平時彼此想要有空間，就鎖起門來，變成兩間獨立的房子，有狀況來則可一秒趕到對方家，既解決了婆媳問題，也兼顧了照顧父母的美意。況且住在彼此獨立的相鄰空間，隔著一扇門，婆婆總不好總來插手兒媳的事，較容易尊重子女的空間。

「三代同堂」新概念，當鄰居好過當室友

此外，比鄰而居尚有很多種不同形式，例如同層雙併、同棟不同樓及同樓不同戶，還有上下樓連通等或是擁有自有土地的大戶人家索性蓋起連棟透天厝，三代或手足各分棟而居。現在也有建案是利用獨棟雙併的大樓住家規畫，從共用的電梯出來，可以回到各自的空間，同一層裡設計兩戶坪數一大一小的空間，較大的空間提供闔家歡樂時光，略小的則作為下一代獨立的空間，融入「新三代同堂」的概念。

劉媽媽就是同棟不同樓的經典案例，自己跟劉伯伯住 8 樓，女兒一家住 4 樓，兒子一家住 10 樓，孫子放學回家，有奶奶外婆家當安親中繼站，上班的大人萬一有事加班，不用急急忙忙趕回家接小孩、做飯。況且阿嬤食堂全年無休，三家人再晚回家，隨時都有熱騰騰的飯菜可吃。吃過晚飯後，孩子們全部集中一起做功課，互相學習、監督，也拉近了彼此的距離，不僅減免了去安親、才藝班的費用，原本三家三個灶，如今只需開一灶，水電、瓦斯和伙食費都省下很多，劉媽媽不用向子女伸手，兒子女兒每月也會固定給她一筆菜錢及生活費，體貼她對家人的付出、三代三家和樂融融，讓劉家兩老天天都笑得合不攏嘴呢！

因此，不想與公婆同住，又想兼顧孝道，倒也不難。這時不妨跟長輩好好溝通，結婚之後原本就該自己成家獨立，只要彼此住得近，不一定就要同在一個屋簷下。而老一輩也應當改變觀念，學習對子女開明放手，讓小倆口專心經營自己的家庭，也是愛子女的最佳方式。

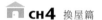

　　從父母角度看，社會福利保障不周，對晚年照顧問題不安，當然希望兒女就近在身邊比較安心。對子女來說，雙薪家庭的家事、育兒都需要家人幫忙，比鄰而居是互利互惠，且現代年輕人需要較多隱私空間，門戶各自獨立，可保有各自隱私及生活方式，還可避開長輩掌控教育、生活等可能的衝突，「保持距離」的三代同鄰，將會是新家庭觀的均衡點。

 倩宜姊姊的換屋小叮嚀

Q：距離產生美感，婆媳關係保溫有訣竅？

A：既然不與公婆同住的優點多於缺點，到底父母與子女應該住多近，會比較適合呢？

有日本老人福利學者提出，最好是「一碗湯不會冷掉」的距離。還有父母想得深遠，早在子女結婚時，便買好鄰近老家的房子並付好頭期款，接下來的房貸再由子女自行負擔，讓子女就住在樓上樓下、同個社區或是幾分鐘就可到的距離。

房數格局想清楚，外推占用當心被檢舉！

　　小芬跟老公最近剛買了房子，但因為買下的是一間老公寓，內部裝潢已經相當陳舊，屋況也差，所以需要全部打掉重練。

　　兩人上網找了幾家裝潢設計公司來估價，最後因為預算關係，決定給報價最低的 D 公司承作。D 公司看起來經驗豐富，提供的設計圖及報價單也頗專業，不過好景不常……整個裝潢過程搞下來讓小芬苦不堪言。工程進度一再延宕不說，設計師甚至不斷要求小芬追加預算，原本講好 80 萬元裝潢費用，到後來硬是追加到 120 萬元才勉強完成，整個房子裝潢後看起來不僅用料普通，工程品質也頗粗糙，讓小芬直呼自己根本就是被騙當了冤大頭。

　　「一分錢一分貨」的道理人人都懂，但偏偏人性又總會誘拐我們想找到俗又大碗的裝潢設計公司，也就是既想裝潢得美輪美奐，但預算又不能抓得太高。到底該怎麼評估裝潢預算呢？又該如何選擇一個誠信又負責任的裝潢設計公司呢？這些問題對於第一次要裝潢的朋友來說，真的很苦惱。因此網路 PTT 及、Mobile01 論壇上，常有網友詢問裝潢相關問題，或是在論壇上大吐苦水。

當然這不能光怪消費者，因為裝潢設計這個產業，本來就不是可以標準化的商品，因為建材規格型號不同、師傅的施工行情不同、設計師的設計費行情也大不相同，使得本來就很不透明的裝潢產業，屢屢傳出消費糾紛。

另外，設計師搭配的裝潢工班水準不一，油漆、水電、土木、泥作、防水等各有各的專業，是否能成功整合發揮整體戰力，端看一個師傅或是單一工種，都較難把品質做到最好，這時就要靠工頭或設計師整合管理的功力了，也是造成裝潢行情難以標準化的原因。儘管裝潢行情很難做到標準化，不代表沒有行情，還是有一個範圍可供參考，因此要提供一些撇步，方便大家檢視一下自己的裝潢預算，是否符合合理的範圍（參看表 4-5）。

表 4-5 裝潢預算評估方法 1——房價

屋況	裝潢預算	備註
新屋	房價的 10%	屋齡越高房屋本身的價值也會相對較低，同時屋況也會較差，因此需要調高所需裝潢的費用比例。
屋齡 5 ～ 15 年	房價的 13%	
屋齡 15 ～ 30 年	房價的 16%	
屋齡 30 年以上	房價的 20%	

資料來源：熊有良心室內設計

使用「坪數」及「房型」，粗估裝潢預算

一般來說，最簡單的方式是以「坪數」及「房型」粗估自己的裝潢預算。屋況良好，例如新成屋因不需更動管線、再加上有些建設公司會提供天花板、地板及牆壁，甚至門窗，堪稱所有房型當中裝潢預算最少的，如果不更動格局，一般質感 2 ～ 3 房住宅，每坪約需 3 ～ 4 萬元；但若是 15 坪以下的小宅，由

於不少家具屬客製化，加上施作空間小、施工較困難，每坪要抓 5 萬元才夠。

購屋裝潢，要準備多少預算，其實因人而異，到底該怎麼抓才不會超支呢？建議規劃裝潢預算時可依「房型」、「需求」來規劃預算，「房型」可分為新成屋、中古屋及預售屋，「需求」就是自己認為要把預算花在最多的地方是哪些，例如洗澡重視衛生的人就把預算擺在衛浴空間多一點；喜歡下廚的人，廚房預算可以多抓；想要居家乾淨清爽，就要多留預算在收納空間上面。

至於房型部分，若購買新成屋，選房時就要注意，盡量挑選格局與動線符合生活需求空間的房型，可省去不必要的拆除與管線更動費用。小宅的裝潢則由於空間受限，預算花費較多之處多是在收納空間的規劃與設計，以複合式多功能的設計空間為主，盡量將空間利用最大化。

中古屋裝修花費多，預算多抓才保險

中古屋方面，應以居住安全性為主，重視結構補強、防水修繕、老舊門窗更新、水電管線更新等，這些花費會比其他屋型來的多，在預算編列時要特別多抓費用。若是屋齡逾 15 年，水電瓦斯等管線最好全部換新，門窗及衛浴、廚房也最好全部換過，不僅有煥然一新的感覺，也較衛生安全，因此基礎工程預算每坪要抓到 4 ～ 5 萬元。如果隔間需打掉、地板全部更換，則基礎工程預算更要提高到每坪 6 ～ 7 萬元。至於屋齡 30 年以上的老房子，大多潛藏著壁癌、漏水、管線老舊、格局動線不佳等問題，如想一勞永逸，一次解決所有問題，建議基礎工程每坪預算至少要抓到 8 ～ 10 萬元，比較保險（參看表 4-6）。

表 4-6 基礎工程預算評估方法 2——屋況

屋況	每坪施工單價	備註
新屋	10,000 ～ 30,000 元	隨著屋齡漸增，屋況會越來越差，像是土水、防水抓漏、水電等基礎工程的需要也會越高，因此裝潢翻修的成本也會隨之提高。
屋齡 5 ～ 10 年	20,000 ～ 50,000 元	
屋齡 10 ～ 20 年	30,000 ～ 50,000 元	
屋齡 20-30 年	40,000 ～ 60,000 元	
屋齡 30 年以上	50,000 ～ 80,000 元	

資料來源：熊有良心室內設計

　　預售屋因建商提供的制式房型格局，如果不符合自己的使用需求，大多可要求先行變更基本格局（俗稱客變），才能避免二次施工拆除重建、墊高費用，如此交屋後才能有充分預算做後段裝修。

衛浴、廚房花費高，一不小心易超支

　　不過，值得注意的是，一般居家裝潢中，當屬衛浴、廚房的改造，是預算較高的部份；尤其以衛浴來說，首重防水工程，防水要做好，以後才不至於發生惱人的滲漏水問題，地面、壁面防水最好做到 1 米 8 高度等防水 RC、磚牆等，目前一坪約 5,000 ～ 6,000 元，再加上地板及磁磚重鋪、管線遷移等，基於衛生問題，很多人傾向更換全套嶄新的浴缸、馬桶、洗手檯或乾濕分離的衛浴設備等，估算裝修一間衛浴，依照中高低規格，至少要花費約需 20 ～ 30 萬元。廚房依瓦斯爐、烘碗機、排油煙機等廚具設備，廠牌及規格不同，若加上中島、吧台等，大約約 15 ～ 20 萬不等。建議消費者先搞清楚，自己要花費多少預算，以免不小心超支。

表 4-7 裝潢預算評估方法 3——室內空間

常見空間	每坪單價	常見施工內容	備註
客廳 （10坪以上）	20,000 ～ 50,000 元	天花板、地板、電視牆、背牆造型、簡易水電、油漆	各項裝潢單價會受施作內容及建材不同而有變動。
餐廳 （3坪以上）	15,000 ～ 30,000 元	天花板、地板、收納櫃、簡易水電、油漆	
廚房 （2坪以上）	70,000 ～ 120,000 元	天花板、地板、土水翻修、水電翻修、烤漆玻璃、廚具	
浴室 （2坪以上）	70,000 ～ 90,000 元	天花板、地板、土水翻修、水電翻修、衛浴設備	
主臥 （6坪以上）	30,000 ～ 50,000 元	天花板、地板、衣櫃、化妝鏡、床頭櫃、簡易水電、油漆	
書房 （4坪以上）	20,000 ～ 50,000 元	天花板、地板、書桌、開放式書櫃、簡易水電、油漆	

資料來源：熊有良心室內設計

　　此外，裝修過程最耗時、花錢的部份當屬木作工程，包括買木材、請工班的費用，因此若能降低非必要的訂作櫃體，採複合式的系統傢俱，不僅省錢還能縮短 1 ／ 3 工時，大約可省下 2 ～ 3 成的裝潢費用（參看表 4-7）。

陽台外推風險大，施工前務必審慎評估

此外，裝潢中最令人捏把冷汗的莫過於陽台外推的居家空間，保有陽台既能增加室內採光，也能保持室內外通風，若窗外有景觀，陽台更是一個具有紓壓功能的居家空間。不過，不少人喜歡將陽台外推，以爭取更多室內使用空間，但缺點也不少，不僅容易遇到漏水問題，影響空氣對流，若遇到一氧化碳不流通或火災時，更可能危及性命，再加上很多陽台與屋內結構相連，若任意拆除牆面，可能造成牆面龜裂之外，更有可能破壞到原有的建物結構。因此陽台外推不合法，取締也愈來愈嚴格，台北市政府修訂違章建築處理要點，2006 年 1 月 1 日起新領建照的建築物，不論外牆是否保留，只要陽台加窗就屬違建，若遭到檢舉，即面臨拆除窘境。

同時，施工前必須經主管機關審查核可，依法進行合格的裝修。若未經審查的裝修行為可開罰 6 ～ 30 萬元新台幣罰緩。且施工期間動輒數月，對同層或同棟住戶造成不便，裝潢期間更需做好敦親睦鄰工作，兼顧鄰居的居住品質，並與住戶有良好互動，避免衍生不必要的糾紛，維持彼此友好的情誼。

另外，切記避免繁複的裝潢設計與昂貴手工定製木作，以系統櫃或多元用途的家具取代，盡量使用建設公司標準配備、把握「超低度木作」概念，則可有效節省裝潢經費，讓每一塊錢都花在刀口上（參看表 4-8）。

表 4-8 裝潢預算評估方法 4- 常見施工內容

新屋常見裝修內容		室內實際總坪數乘以下列單價
水電	水電管路移位	1,200 ~ 3,500 元（每個迴路）
	管路移位	3,000 ~ 5,000 元（每處）
油漆	全室粉刷不批土	1,000 ~ 1,500 元
	全室填縫批土後粉刷	1,500 ~ 3,000 元
木工	新作天花板（不含油漆）	3,000 ~ 4,500 元
	固定木作（含油漆）	4,000 元起 / 尺
	地板重貼	4,000 元以上
窗簾	窗簾裝設（價差極大）	2,000 元以上
清潔	細部清潔（不含清理）	500 ~ 700 元
中古屋常見裝修內容		室內實際總坪數乘以下列單價
土水	變更隔間	4,000 ~ 12,000 元
	地板翻修	4,000 ~ 7,000 元
	浴室翻修（地板 + 牆面）	5,000 ~ 10,000 元 / 施作區域
	廚房翻修（地板 + 牆面）	4,000 ~ 7,500 元
廚具	廚具更新	80,000 元 / 組
衛浴設備	衛浴設備更新（洗手檯、馬桶、淋浴配件）	18,000 ~ 40,000 元 / 三件組
冷氣	冷氣更新	25,000 ~ 80,000 元 / 台
瓦斯	瓦斯管路更新（瓦斯公司處理估價）	1,500 ~ 2,000 元

資料來源：熊有良心室內設計

 倩宜姊姊的換屋小叮嚀

Q：避免追加預算6大原則

A：

1. 請有經驗的朋友協助看估價單，請設計師註記每項裝修項目包含的內容與規格，切忌以乙式隨便替代。

2. 房間、牆壁等尺寸、規格務求精確，以免施工錯誤，而需重複施工。

3. 裝修項目與價格表追加預算不得超過 10％。

4. 弄清楚不同的材質等級與差異，再依照自己預算確認最終使用之材質。

5. 裝修前詳細做功課，跟設計師明確表達自己的需求。

6. 絕不任意變更設計。

留給小孩的房子是生前贈與好，
還是遺贈較划算？

　　沈伯伯想要把名下的房子及土地過戶給子女，想生前贈與，擔心過戶以後，兒女翻臉不認；若過世後再遺贈，又怕子女被課高額的遺產稅，到底該怎麼做，最能節稅呢？

🏠 遺產稅

　　簡單來說，若讓子女以遺贈（繼承）方式移轉房產，得免課土增稅及契稅，但須課遺產稅。而自 2017 年 5 月起，遺產及贈與稅新制上路，政府將遺贈稅由之前單一稅率 10% 改為三級累進稅率 10%、15%、20%，最高稅率為 20%。遺產淨額 5,000 萬元以下者，稅率維持現行的 10%；超過 5,000 萬元到 1 億元者，稅率為 15%；超過 1 億元者，稅率為 20%，且有配偶、父母、子女、喪葬費等扣除額，免稅額為 1,200 萬元。（參看表 4-9）

🏠 贈與稅

　　若採生前贈與方式，除了要課贈與稅，則要負擔土增稅及契稅。以贈與稅來說，每人每年免稅額 220 萬元，稅率則是 2,500 萬元以下課徵 10%、

2,500 萬至 5,000 萬課徵 15%、5,000 萬以上課徵 20%，等於繳給政府的稅金會提高到 1 倍。

　　舉例來說，若沈伯伯以 3,000 萬元買了房子贈與兒子，公告土地現值及房屋評定現值約 1,200 萬元，扣掉免稅額 220 萬元，須繳納贈與稅 98 萬元。〔公式：（1,200 萬－220 萬）× 10% ＝ 98 萬〕；相較於贈與現金 3,000 萬元，省下贈與稅 194 萬元。若沈伯伯往生後再讓兒子繼承 3,000 萬的房產，以遺產稅的計算公式：遺產稅＝遺產淨額（遺產淨額＝遺產總額－免稅額－扣除額）× 10% 遺產稅率；假設喪葬費有 123 萬元可以扣除。因此沈伯伯

表 4-9　遺產稅與贈與稅的比較表

稅目	舊制	新制（106／05／12 起適用）	稅率	累進差額
	單一稅率	課稅級距		
遺產稅	10%	5,000 萬元以下	10%	0
		超過 5,000 萬元～1 億元	15%	250 萬元
		超過 1 億元	20%	750 萬元
贈與稅	10%	2,500 萬元以下	10%	0
		超過 2,500 萬元～5,000 萬元	15%	125 萬元
		超過 5,000 萬元	20%	375 萬元

資料來源：財政部國稅局

表 4-10　遺產稅計算方式

遺產淨額	適用稅率	遺產稅計算公式
0 ～ 5,000 萬元	10%	遺產稅 = 遺產淨額 × 10%
5,000 萬元～1 億元	15%	遺產稅 = 遺產淨額 × 15% － 250 萬元
1 億元以上	20%	遺產稅 = 遺產淨額 × 20% － 750 萬元

的遺產淨額＝ 1,200 萬元－ 1,200 萬元免稅額－ 50 萬元子女扣除額－ 123 萬元喪葬費＝－ 173 萬元，所以兒子不用繳半毛錢的遺產稅。（參看表 4-9、4-10）

財產少於 1,200 萬，建議採身後遺贈

因此，建議名下有高總價房地產的民眾，不妨在生前先把產權轉移給配偶，而非以贈與方式過戶名下的房地產給子女，或者每年先給子女免稅的贈與金額，日後再由子女購買不動產，較有省稅的效益。換言之，若父母名下有巨額財產，則可生前逐年贈與子女，以減輕遺產稅負擔，例如利用每人每年 220 萬元的贈與免稅額，分年贈與現金（父 220 萬＋母 220 萬＝ 440 萬／年）給子女，讓子女自行購屋，可省下贈與稅、土增稅及契稅。若父母名下財產不多且無生前分產的必要，讓子女繼承房產較划算，遺產總額 2,000 萬元以下不容易被課到稅。

房地合一制上路後，房產贈與已不具節稅功能

以前長輩喜歡用買房贈與子女，係因贈與稅是以低於市價「土地公告現值」與「房屋評定現值」作為課稅基準（註 1），相較於現金贈與，可省下不少贈與稅。但在實價登錄制度上路之後，儘管贈與稅同樣以「土地公告現值」與「房屋評定現值」作為課稅基準，比起現金贈與，可省下贈與稅，但等到子女日後想出售房子，因實價登錄之故，國稅局能完全掌握出售的房價，由於子女取得房屋的成本較低，等於大幅墊高獲利，加上「房地合一」稅制適用稅率高，變成要繳更多稅，反而得不償失。若出售房屋屬於舊制，這驚人的財產交易所得將會併入累進稅率的綜合所得稅，若屬於新制（房地合一

稅），將依持有時間的不同，以 10% 至 45% 的稅率來課稅。因此不管是舊制或新制，所省下的贈與稅，在子女賣房產之後就會連本帶利的吐出來。

以沈伯伯為例，兒子不管是繼承還是遺贈房屋後不到 2 年，便以 4,000 萬元出售房子，實際獲利 1,000 萬元，因持有期間不到 2 年，適用「房地合一」稅率 35%，原本要繳稅 350 萬元，但因是受贈取得的房產，房地成本按房地現值 1,200 萬元計算，交易所得達 2,800 萬元，須繳稅 980 萬元，等於多繳了 630 萬元。

🏡 注意持有年限及房屋用途，遺愛才不會變重擔

自從「房地合一」稅制上路後，除了繼承民國 105 年以前取得的房地適用舊制，還有一點節稅空間之外；除非子女受贈或繼承後 6 年內不會出售且符合自用住宅規定，還可適用自用住宅免稅額 400 萬元及優惠稅率 10%，還要提醒子女注意出售房產的年限，否則遺愛就可能變成子女未來出售房產時將面臨的重稅。

總括來說，民眾欲節省遺產及贈與稅，需考慮自身財產之多寡，及財產移轉時其他稅賦負擔，若財產扣除遺產稅免稅額、扣除額後，遺產淨額為 0 元或負數，則生前贈與不划算；若財產龐大，概算應納遺產稅額極高，則可考慮生前及早規劃將財產移轉，以節省稅負。

倩宜姊姊的換屋小叮嚀

Q：父母如何贈與財產，才能達到最佳的節稅效益？

A：目前贈與稅免稅額每人每年 220 萬元，子女婚嫁時還有 100 萬元免稅額，父母若要將財產移轉給子女，可以提早進行規劃，夫妻倆人每年贈與 440 萬元以內免稅，利用贈與稅免稅額分年贈與子女現金，讓子女自行購屋，或由子女以市價購買父母名下的房屋，不僅可以省下遺產及贈與稅，也不會被課高額財產交易所得稅。但要注意的是，二親等以內親屬間財產的買賣，無論雙方訂定買賣契約或贈與契約，仍可能被視為贈與而課徵贈與稅，且要課土增稅及契稅；但若雙方訂定真實的買賣契約且能提出已支付價款的證明，則可免課贈與稅。

備註　　根據目前最新「遺產及贈與稅法」的規定，遺產稅及贈與稅的計算，土地是按公告土地現值、房屋則按照房屋評定現值計算，兩者皆明顯低於市價。因此早期常見將房產以贈與或繼承方式事先移轉給子女的節稅規劃，比變現後再給子女是划算許多。

　　但自從「房地合一」稅制上路後，生前贈與較省稅的情況已經改變，除了在 2015 年之前繼承取得的房地是適用舊制之外，2015 年贈與及繼承房產的節稅效益已大打折扣，因為若受贈或繼承後不久就將房地出售，會面臨高額的財產交易所得稅，原本省下的稅還可能加倍繳回給國稅局。

買屋
懶人包 ❶

房地產有哪些稅負？

持有稅	●房屋稅→每年 5 月開徵，課稅期間為前一年的 7 ／ 1 〜當年的 6 ／ 30，以附著於土地的各種房屋為課徵對象。 住家：房屋現值 ×1.2%；營業：房屋現值 ×3%；非住家營業：房屋現值 ×2% ●地價稅→每年 11 月開徵，課稅期間為當年的 1 ／ 1 〜當年的 12 ／ 31，凡已規定地價之土地均應課徵地價稅。 自用：公告地價總額 ×0.2%；私有一般、營業：公告地價總額 ×1 〜 5.5%；工業用地：公告地價總額 ×1%
交易稅	●契稅→為房屋所有權轉移時徵收，取得房屋所有權者必須在契約成立 30 天內申報繳納。契價 ×6% ●遺產稅→因繼承取得房屋、土地者，應於被繼承人死亡日起 6 個月內向被繼承人死亡時戶籍所在地稅捐稽徵處申報。 ●贈與稅→因贈與取得房屋、土地者，須於收到贈與稅繳納書後，於繳納期間內像可代收稅款的金融機構繳納。
交易所得稅	●土地增值稅→土地所有權轉移時，應按其土地漲價總額課徵土地增值稅，並於收到繳納通知書後 30 天內繳款。 一般土地：按漲價倍數累進課徵，按公告現值累進計算 ×20%，×25%，×30% 自用住宅用地（每人一生一次的優惠稅率）：公告現值 ×10% ●財產交易所得稅→按交易所得累進課稅，繳納金額為房屋交易所得的 6 〜 40%，每年 5 月併入綜合所得稅徵收。

房地合一新舊制好混亂，輕鬆搞懂房地合一新制

自 105 年 1 月 1 日起，交易房屋、房屋及其坐落基地或依法得核發建造執照之土地（以下簡稱房屋、土地），應適用新制房屋、土地交易所得合一按實價課徵規定

新舊制課徵範圍→要課誰

舊制		新制
103 ／ 1 ／ 1 前取得者	103 ／ 1 ／ 2 ～ 104 ／ 12 ／ 31 取得者	105 ／ 1 ／ 1 後取得者
出售土地： 課徵土地增值稅 免納所得稅	**舊制** 104 ／ 12 ／ 31 前出售者，或 105 ／ 1 ／ 1 後出售且持有超過 2 年者	分離課稅，所有權完成移轉登記之次日起算 30 天內向戶籍所在地國稅局申報納稅（不論有無應納稅額均需申報）。
出售房屋：課徵所得稅	**新制** 105 ／ 1 ／ 1 以後出售且持有 2 年以內者	

租稅優惠→節稅空間

● 個人、配偶或未成年子女設有戶籍，持有並實際居住連續滿 6 年且無出租供營業或執行業務使用。
● 所得額 400 萬元以下免稅，超過部分按優惠稅率 10% 課徵。
● 6 年以一次為限。

自用住宅減免

重購退稅

● 換大屋：全額退稅
● 換小屋：比例退稅
● 重購後 5 年內不得改作其他用途或再行移轉

適用稅率

稅率	45%	35%	20%	15%	10%
持有期間	1 年以下	2 年	10 年		自用住宅 優惠稅率

個人因調職、非自願離職或其他非自願因素，或以自有土地與業合建於 2 年內出售：稅率 20%

扣抵優惠
- 不賺不課（但仍需如期申報）
- 交易虧損金額可在往後 3 年內申請扣抵房屋、土地交易所得。

課稅方式 ↓ 何時繳
- 分離課稅，完成房屋、土地所有權移轉登記日（或房屋使用權移轉日）的次日起算 30 天內申報繳納。

課稅所得計算 ↓ 怎麼課
- 課稅所得額 = 房地成交價額成本 - 費用 - 依土地稅法規定計算的土地漲價總數額
- 土地增值稅不得列為成本費用減除

資料來源：財政部

房地合一稅

自 2016 年 1 月 1 日上路的房地合一稅，屬於有賺才課稅的稅制，針對民眾新購入的房地產交易所得，將以出售時的實價減去成本、費用，以及土地公告現值的土地漲價總數額，作為稅基。並依照持有期間長短，課以不同稅率，短期持有的1 年及 2 年，分別課 45% 及 35% 稅率，但持有 2 ～ 10 年及 10 年以上，稅率分別降至 20% 及 15%。且為了防止投資客炒作，對於自住滿 6 年以上則有 400 萬元的免稅額，國內及國外法人持有，也會課徵較高的稅率，同時擴大重購退稅，其精神在於「實價課稅、有賺才課、鼓勵自住」，雖然交易所得稅率較高，對於自住者仍有相對友善的設計，奢侈稅也因之退場。

自用住宅重購，小換大全額退稅

房地合一稅亦有針對自住族群重購退稅優惠，只要所有權人、配偶或未成年子女設籍，出售前 1 年內沒有出租或供營業使用，不論先買後賣或先賣後買，重購或出售所有權登記日期在 2 年內，都享有房屋價值小換大全額退稅，大換小按比例退稅，但有退稅成功後 5 年不得改做其他用途或再行移轉、夫妻及未成年子女 6年內只能有 1 戶適用自用住宅換屋優惠等限制。舉例來說：出售舊屋 1,000 萬元，繳納房地合一稅 50 萬元，2 年內買新房 500 萬，兩者價值差距為 1 ／ 2，大換小按比例退稅，可退 25 萬元。

識財經 15

一位單親辣媽的真心告白：
錢難賺，房地產別亂買

作　　者——洪倩宜
視覺設計——徐思文
主　　編——林憶純
行銷企劃——王聖惠

第五編輯部總監——梁芳春
董 事 長——趙政岷
出 版 者——時報文化出版企業股份有限公司
　　　　　108019 台北市和平西路三段二四〇號七樓
　　　　　發行專線—（02）2306-6842
　　　　　讀者服務專線— 0800-231-705、（02）2304-7103
　　　　　讀者服務傳真—（02）2304-6858
　　　　　郵撥— 19344724 時報文化出版公司
　　　　　信箱——〇八九九臺北華江橋郵局第九九信箱
時報悅讀網—— www.readingtimes.com.tw
電子郵箱—— history@readingtimes.com.tw
法律顧問——理律法律事務所　陳長文律師、李念祖律師
印刷——勁達印刷有限公司
初版一刷— 2018 年 9 月 21 日
初版三刷— 2121 年 3 月 25 日
定價—新台幣 300 元
（缺頁或破損的書，請寄回更換）

一位單親辣媽的真心告白：錢難賺，房地產
別亂買 / 洪倩宜作 . -- 初版 . - 臺北市：
時報文化，2018.09
184 面；17*23 公分
ISBN 978-957-13-7472-7（平裝）
1. 不動產業 2. 投資
554.89　　　　　　　　　　　　107010309

ISBN 978-957-13-7472-7
Printed in Taiwan